거룩함으로
나아가라

구원에 있어서 하나님의 역할과 나의 역할

GROWING IN HOLINESS
by R.C. Sproul

Copyright ⓒ 2020 by The R.C. Sproul Trust
Originally published in English under the title
    Growing in Holiness
    by Baker Books,
    a division of Baker Publishing Group,
    Grand Rapids, Michigan, 49516, U.S.A.
All rights reserved.

Korean Edition published by Word of Life Press, Seoul 2020
Translated and published by permission.
Printed in Korea.

거룩함으로
나아가라

ⓒ 생명의말씀사 2020

2020년 4월 9일 1판 1쇄 발행
2024년 9월 10일   3쇄 발행

펴낸이 | 김창영
펴낸곳 | 생명의말씀사

등록 | 1962. 1. 10. No.300-1962-1
주소 | 서울시 종로구 경희궁1길 6 (03176)
전화 | 02)738-6555(본사) · 02)3159-7979(영업)
팩스 | 02)739-3824(본사) · 080-022-8585(영업)

기획편집 | 구자섭
디자인 | 조현진
인쇄 | 영진문원
제본 | 다온바인텍

ISBN 978-89-04-16711-1 (03230)

저작권자의 허락없이 이 책의 일부 또는 전체를
무단 복제, 전재, 발췌하면 저작권법에 의해 처벌을 받습니다.

거룩함으로 나아가라

구원에 있어서 하나님의 역할과 나의 역할

R. C. 스프로울 지음 | 조계광 옮김

생명의말씀사

목차

1장. 그리스도인의 삶에는 목표가 있다   07
그리스도인의 삶은 단순하지 않다 | 우리의 목표를 기억하라 | 성장하기 위한 계획 | 그리스도처럼 되는 것: 모든 영적 성장의 목표

2장. 성화를 방해하는 세력들을 극복하라   37
성화를 방해하는 세력들 | 세상이라는 방해 요인 | 육신이라는 방해 요인 | 마귀라는 방해 요인

3장. 하나님의 의를 추구하라   69
옳은 일을 행해야 할 의무 | 하나님의 의를 추구하라

4장. 구원의 확신을 견고하게 가지라   87
구원의 전 과정을 이해하라 | 참된 확신인가 거짓 확신인가? | 구원의 확신은 신자의 의무다

5장. 그리스도를 온전히 의지하라　　　111

인간의 행위로는 충분하지 않다 ｜ 믿음의 고백만으로는 충분하지 않다 ｜ 구원자를 확신하라 ｜ 믿음과 열매

6장. 하나님의 성품을 배우라　　　133

성화는 하나님의 성품을 닮는 것이다 ｜ 사랑은 오래 참는다 ｜ 온유의 열매 ｜ 겸손한 사랑의 열매 ｜ 절제의 열매

7장. 성령의 열매를 맺어라　　　165

사랑은 은사이자 열매 ｜ 인내와 자비 ｜ 양선과 믿음 ｜ 온유와 절제

8장. 그리스도 안에서 자라가라　　　195

영화, 성화의 완성 ｜ 성장하라!

우리는 단번에 온전히 거룩해지기를 바란다. 우리는 100미터 달리기에서 승리한 것을 축하하며 편안히 휴식하기를 원한다. 그러나 신앙생활은 다르다. 100미터 달리기를 끝내고 결승선을 통과한 후 녹초가 되어 땅바닥에 주저앉아 숨을 헐떡이며 가쁘게 몰아쉬는데 또다시 "선수 제자리! 준비! 출발!"이라는 소리가 들려 온다. 서둘러 일어나서 다시 달려가야 한다.

1장.

그리스도인의 삶에는 목표가 있다

그리스도인의 삶은 단순하지 않다

어디를 향해 가고 있는지를 아는 것도 중요하고, 또 그곳에 어떻게 갈 수 있는지를 아는 것도 중요하다. 하지만 거룩한 삶을 통해 하나님을 영화롭게 하기 위하여 우리가 창조되었다는 성경의 가르침을 알게 되면, 그것을 이룰 수 있는 빠르고, 간편한 방법과 해결책을 찾으려고 하기 쉽다.

그리스도인들은 종종 "예수님께 나오면 당신의 문제가 모두 깨끗이 해결될 것입니다."라고 말하지만, 그것은 내가 가장 듣기 싫어하는 말 가운데 하나다. 그렇게 가볍게 이야기하지 말

라. 사실 나는 그리스도인이 되기 전만 해도 나의 삶이 이렇게까지 복잡해질 것이라고는 생각하지 못했다.

그리스도인이 되기 전에 나의 삶은 비록 무의미하고, 공허했는지는 몰라도 지금보다는 훨씬 더 단순했다. 대개는 내가 하고 싶은 것을 무엇이든 다 할 수 있었다. 당시만 해도, 나는 후회나 슬픔을 느끼지 않고 마음껏 즐길 수 있을 만큼 양심을 충분히 무감각하게 만들 수가 있었다. 그러나 영혼이 새롭게 거듭나면 양심도 새로워지기 마련이다.

그리스도인이 된 사람은 삶을 진지하게 받아들인다. 우리가 삶을 이전보다 훨씬 더 진지하게 받아들이는 이유는 삶이 진정으로 중요한 것이라는 사실을 깨닫기 때문이다. 회심했다고 해서 죄의 성향이 사라지는 것은 결코 아니다. 그리스도인들은 만화에 나오는 사람처럼, 한쪽 어깨 위에는 천사가, 다른 한쪽 어깨 위에는 악마가 올라타 앉아 있는 모습으로 도덕적인 싸움을 하며 살아간다. 우리는 그 둘 사이에서 크게 번민하며 양쪽으로부터 모두 영향을 받는다.

따라서 그리스도인의 삶은 복잡하다. 하나님은 은혜를 풍성하게 베풀어 우리의 성장을 도우신다. 그러나 성장은 우리의 큰 노력과 수고를 요구한다.

회심하고 나서 처음 몇 주 동안, 성경을 마치 소설처럼 처음부터 끝까지 읽었던 기억이 난다. 그런 식으로 성경을 읽으면서 내가 받았던 인상은 내 기억 속에서 영원히 사라지지 않을 것이다. 성경을 실제로 이해한 양은 매우 적었지만, 나는 그 가르침을 통해 엄청난 영향을 받았다.

그러나 큰 고뇌와 불안감이 아울러 느껴졌다. 왜냐하면 특히 구약성경을 읽을 때, "와! 하나님은 정말 진지하신 분이시구나. 그리스도인이 된다는 것은 전부가 아니면 전무, 둘 중 하나로구나."라는 생각이 들었기 때문이다.

지금도 왜 그랬는지 이유는 알 수 없지만, 내가 좀 더 깊이 공부하기로 선택한 성경은 빌립보서였다. 빌립보서를 읽다가 "두렵고 떨림으로 너희 구원을 이루라 너희 안에서 행하시는 이는 하나님이시니 자기의 기쁘신 뜻을 위하여 너희에게 소원을 두고 행하게 하시나니"(빌 2:12, 13)라는 말씀을 발견했던 기억이 난다.

그 구절이 중요하게 느껴졌던 이유는 영적 성장이 궁극적으로 하나님의 은혜에서 비롯되는 것이라는 사실을 어렴풋이나마 깨달았기 때문이다. 하나님은 우리 안에서, 우리를 통해, 우리와 함께 일하신다. 그러나 그와 동시에 우리에게 우리의 구원을 이루라는 권고가 주어졌다. 나는 이미 그때부터 영적 성장(신앙생활의 진보)을 이루려면 수고와 노력이 필요하다는 것을 이해했다. 물론, 그것은 사랑의 수고일 테지만 그럼에도 불구하고 바울 사도는 성령의 영감을 받아 신중하고도 정확하게 '이루라'라는 용어를 사용했다.

성화(聖化, sanctification)는 평범한 노력으로 이루어지는 것이 아니다. 바울은 두려움과 떨림으로 구원을 이루라고 말했다. 이것은 위협에 겁을 먹고 어둠 속에 웅크리는 사람의 두려움과 떨림이나 심신을 마비시키는 공포가 아니다. 바울의 말은 부지런히 관심과 주의를 기울여 힘써 이루어야 할 일을 두렵고 떨리는 마음이 들 정도로 진지하게 받아들여 행하라는 의미다. 우리는 우리를 대적하는 인간 앞에서 두려워 떨지 않는다. 우리는 하나님 앞에서 떤다. 우리는 하나님이 우리 안에서 역사하신다는 것을 알기에 희망을 품고 그렇게 한다. 우리가 노력하는 이유는 하나님이 우리 안에서 그렇게 하도록 역사하시기 때문이다.

빌립보서를 처음 공부하면서, 아래의 대목을 표시해둔 것이 생각난다.

"내가 이미 얻었다 함도 아니요 온전히 이루었다 함도 아니라 오직 내가 그리스도 예수께 잡힌 바 된 그것을 잡으려고 달려가노라 형제들아 나는 아직 내가 잡은 줄로 여기지 아니하고 오직 한 일 즉 뒤에 있는 것은 잊어버리고 앞에 있는 것을 잡으려고 푯대를 향하여 그리스도 예수 안에서 하나님이 위에서 부르신 부름의 상을 위하여 달려가노라"(빌 3:12-14).

새 신자였던 나는 이 말씀을 읽고 큰 충격을 받았다. 초대 교회 당시 가장 위대한 신자였던 바울은 동료 신자들에게 "나는 아직 목표에 도달하지 못했소. 나는 아직 얻지 못했소. 나는 아직 완전하지 않소."라고 고백했다. 갑자기 초조한 생각이 들었다. 그리스도인이 된 지 벌써 서너 달이 지났는데, 왜 결승선을 통과하지 못했다는 것인지 그 이유를 이해하기가 어려웠다. 바울 사도는 우리가 걸어가야 할 순례의 길이 평생 계속되는 것이라고 말했다. 나로서는 그것이 너무 어렵게만 느껴졌다.

경주자의 종류는 다양하다. 100미터를 달리는 경주자도 있고, 마라톤을 달리는 경주자도 있다. 달리기의 종류에 따라 경주자의 심리도 완전히 달라진다. 나는 마라톤 경주자가 아닌 단거리 경주자다. 나는 오랫동안 계속되는 일보다 시작과 끝이 분명한, 간단한 일을 훨씬 더 잘 처리한다. 나는 결승선이 보이는 일을 좋아하고, 짧은 순간에 모든 힘을 쏟아 끝낼 수 있는 일을 원한다.

그러나 신앙생활은 그렇지가 않다. 신앙생활은 마라톤과 같다. 인내하는 법을 배워야 한다. 계속해서 꾸준히 해나가야 한다. 신앙생활을 계속해서 꾸준히 해나가는 법을 터득해야 한다. 이것이 "내가 이미 얻었다 함도 아니요 온전히 이루었다 함도 아니라 오직… 그것을 잡으려고 달려가노라"라는 바울의 말이 나의 마음을 날카롭게 파고들었던 이유였다. 계속 가는 것만으로는 부족하다. 힘껏 달려가야 한다.

여기에서 '달려가다'로 번역된 헬라어는 힘과 압박을 가하는 것을 의미한다. 그렇다면 이 말을 우리에게 어떻게 적용해야 할까? 우리는 늘 영적으로 최고조에 달한 상태로 살려는 경향이 있다. 우리는 단번에 온전히 거룩해지기를 바란다. 우리는 100미터 달리기에서 승리한 것을 축하하며 편안히 휴식하기를 원한다. 그러나 신앙생활은 다르다. 100미터 달리기를 끝내고 결승선을 통과한 후 녹초가 되어 땅바닥에 주저앉아 숨을 헐떡이며 가쁘게 몰아쉬는데 또다시 "선수 제자리! 준비! 출발!"이라는 소리가 들려 온다. 서둘러 일어나서 다시 달려가야 한다.

실망스러울지 몰라도 이 경주는 빨리 끝나지 않는다. 그러나 바울이 인내한 이유에 주목하라. 그는 "푯대를 향하여 그리스도 예수 안에서 하나님이 위에서 부르신 부름의 상을 위하여 달려가노라"(빌 3:14)라고 말했다. 그는 마치 "나는 천국을 향한 경주를 달리고 있어. 성부께서 창세 전에 자기 백성을 위해 예비하신 상을 위해 달려가고 있어. 그리스도께서 나를 값 주고 사신 목적을 위해 달려가고 있어. 그분이 나를 소유하신 목적은 자기가 성부 하나님의 나라에 예비해 두신 보화를 얻게 하고, 또 천국을 소유할 수 있게 하기 위해서야."라고 말하는 듯하다.

아울러 바울은 "나는 아직 내가 잡은 줄로 여기지 아니하고 오직 한 일 즉 뒤에 있는 것은 잊어버리고…"(빌 3:13)라고 말했다. 그는 과거의 실패를 곰곰이 되씹으며 허비할 시간이 없었다. 그는 항상 다음 단계에 관심을 두었다. 그는 늘 천국을 바라보았다.

하나님은 지금도 우리를 부르고 계신다. 우리는 대개 하나님이 "이것을 하라, 저것을 하라, 이 도시에 살라, 저 도시에 살라."라고 부르시는 줄로 생각한다. 물론, 그런 것들은 엄연한 현실이다. 그리스도께서는 하늘에서 우리를 자기에게로 오라고 부르신다. 그곳이 우리가 계속 바라봐야 할 결승선이다. 바울도 그곳을 바라보았다. 우리의 영혼이 느끼는 모든 고통과 우리의 모든 인내를 보상해 줄 상급은 그리스도 자신이다. 그분이 우리가 푯대를 향해 달려가야 할 이유다.

성경은 천국의 약속을 종종 안식에 들어가는 것으로 묘사한다. 그 이유는 우리의 지친 영혼을 오직 안식으로만 달랠 수 있기 때문이다. 이것이 우리가 예배를 드리는 이유이고, 하나님의 말씀을 읽는 이유이며, 하나님의 백성과 함께 모이는 이유다. 우리가 그렇게 하는 이유는 영혼의 안식과 활력을 얻기 위해서다. 그래야만 더 열심히 노력할 수 있고, 우리의 구원을 이룰 수 있다.

경주자가 계속 달리려면 산소가 필요한 것처럼, 우리의 영혼이 계속 새 힘을 얻으려면 하나님이 주신 은혜의 수단이 필요하다. 하나님의 은혜에서 비롯하는 능력(우리는 이 능력을 하나님 앞에 나갈 때마다 경험한다)도 필요하고, 기도와 동료 신자들과의 교제와 견책도 필요하다. 다른 신자들이 우리를 필요로 하는 것처럼 우리도 다른 신자들을 필요로 한다(고전 12:21).

우리의 목표를 기억하라

그리스도를 더욱 본받기를 원한다면 성장 계획을 세우는 것이 필요하다. 더욱 거룩해지기를 원한다면 우리의 창조주요 설계자요 유지자이신 주님과 함께 시작해야 한다. 우리의 목적지를 알아야만 그곳에 가는 방법을 알 수 있다. 거룩해지려면 지켜야 할 기준이 있어야 한다. 그런 기준은 곧 그것을 요구하는 분이 존재하신다는 것을 전제한다. 따라서 우리는 창조주요 구원자이신 하나님에게서부터 시작해야 한다.

하나님의 구원 사역은 나중에 만들어진 것이 아니다. 하나님은 창세 전에 이미 세상을 구원할 계획을 세우셨다. 그분은 '영원 전부터' 자기 자녀들에게 '영생'을 약속하셨다(딛 1:2). 성경은 "하나님이 우리를 구원하사 거룩하신 소명으로 부르심은… 오직 자기의 뜻과 영원 전부터 그리스도 예수 안에서 우리에게 주신 은혜대로 하심이라"(딤후 1:9)라고 말씀한다. 이 말씀은 하나님이 영원 전부터 자신이 세상을 창조할 것과 인간의 타락이 있을 것과 자기 백성을 구원할 것을 미리 알고 계셨다는 뜻을 담고 있다. 그분은 모든 피조물이 창조주의 영광을 지향하도록 의도하셨다. 그 영광이 구원 사역을 통해 가장 놀랍게 드러났다.

그렇다면 하나님은 그런 목적을 염두에 두고 세상을 어떻게 창조하셨을까? 그분이 세상을 이렇게 창조하신 이유는 무엇일까? 창세기 1, 2장에 기록된 창조 기사를 읽어보면, 일종의 계층적인 구조가 확립되어있는 것을 알 수 있다. 작은 것에서 큰 것으로, 무생물에서 시작해서 식물과 동물을 거쳐 인간에 이르는 순서대로 만물이 창조되었다. 마치 차츰 절정을 향해 나아가는 것처럼 보인다.

내가 교회에서 자주 듣는 이야기는 창조 사역이 엿새째 되는 날에 절정에 이르렀다는 것이다. 그 날에 하나님의 형상대로 인간이 창조되었고, 그에게 온 땅을 다스릴 권한이 주어졌다. 창세기의 질서 있는 구조 속에서 엿새째 되는 날에 창조 사역이 최고조에 달한 것을 알 수 있다.

그러나 엿새째 되는 날을 창조의 절정으로 간주하는 것은 매우 위험하다. 왜냐하면 창조 기사는 엿새째 되는 날에 끝나지 않았기 때문이다. 창조 사역은 엿새 동안 이루어지지 않았다. 일곱째 날이 존재했다. 창조 사역이 절정을 향해 나갔다면 그 절정은 여섯째 날이 아니다. 그 날은 바로 일곱째 날이다. 일곱째 날이 창조의 절정이다.

일곱째 날에 어떤 일이 일어났는가? 창세기 2장 1-3절은

"천지와 만물이 다 이루어지니라 하나님이 그가 하시던 일을 일곱째 날에 마치시니 그가 하시던 모든 일을 그치고 일곱째 날에 안식하시니라 하나님이 그 일곱째 날을 복되게 하사 거룩하게 하셨으니 이는 하나님이 그 창조하시며 만드시던 모든 일을 마치시고 그 날에 안식하셨음이니라"라고 말씀한다.

두 가지 사실에 주목하라. 첫째, 하나님이 일곱째 날에 안식하셨다. 둘째, 하나님은 일곱째 날을 따로 구별해 거룩하게 하셨다. 이는 하나님이 하루를 따로 떼어 보통의 날과 구별하셨다는 뜻이다. 이 날은 거룩한 날로 일컬어졌다. 그때 이후로 인간의 삶은 7일을 주기로 반복되었다. 하나님이 그런 식의 주기를 확립하신 이유는 무엇일까?

여기에는 인류와 가축과 땅을 위한 기능적이고, 실용적인 목적이 담겨 있다. 인간에게 동물과 땅과 더불어 모든 수고와 노동을 그치고 안식할 기회가 주어진다. 휴식과 재충전을 위한 기회가 정기적으로 주어진다.

그러나 일곱째 날은 단지 노동을 그치고 쉬는 날이 아니다. 그 날에는 모든 백성이 한자리에 모여 특별한 헌신을 통해 하나님의 위엄과 거룩하심을 찬양해야 한다.

오늘날에도 그리스도인들은 여전히 7일을 주기로 하는 삶의 리듬을 따르고 있다. 우리는 이를 통해 우리에게 창조와 구원의 궁극적인 목적을 상기시키며, 경이로움과 감사의 마음으로 피조 세계를 돌아다볼 수 있다. 우리는 안식일이 찾아올 때마다 하나님의 나라가 완성되어 천국에 있는 신자들의 대열에 합류하게 될 날을 기대한다.

히브리서 12장 23절이 말씀하는 대로, 우리는 '하늘에 기록된 장자들의 모임'에 참여할 것이다. 그리스도께서는 지금 자신의 왕국을 건설하고 계신다. 장차 그분의 백성이 그 안식에 들어가게 될 것이다. 그들은 영화롭게 되어 완전한 상태에 이를 것이다. 남아 있는 죄의 흔적이 우리에게서 모두 제거되고, 온전히 거룩해질 것이다. 그 순간, 하늘에서 창조의 목적이 온전히 이루어질 것이다. 우리는 우리의 안식에 참여하게 되고, 성화의 과정이 완료될 것이다.

따라서 인간 외에 더 위대한 것은 우주에 존재하지 않는다는 세속 철학자들의 주장과는 달리, 하나님의 말씀은 인간이 지닌 고유한 의미를 옳게 설명한다. 창조 기사는 더 중요한 것을 향해 나아가는 구조로 되어 있지만, 인간의 창조가 궁극적인 목적은 아니다. 인간의 창조는 단지 두 번째로 중요할 뿐이다. 우리는 여섯째 날에서 멈춰서는 안 된다. 우리는 일곱째 날로 나아가서 안식일의 거룩함을 통해 하나님을 영화롭게 하는 것이 창조의 목적이라는 사실을 깨달아야 한다.

"만물이 다 그로 말미암고 그를 위하여 창조되었고"(골 1:16)라는 말씀대로 모든 것이 그리스도로 끝난다. 거기에는 인간도 포함된다. 하나님은 인간을 자신의 형상과 모양대로 독특하게 창조하셨다.

하나님의 형상으로 창조되었다는 것은 하나님이 육체(다리 두 개, 팔 두 개, 눈 두 개 등)를 지니고 계신다는 의미일까? 그렇지 않다. 우리는 하나님의 물리적인 형상대로 창조되지 않았다. 인간은 하나님처럼 생각과 의지를 지니고 있다. 그러나 하나님의 형상으로 창조되었다는 것은 그런 차원을 훨씬 더 뛰어넘는 의미를 지닌다. 형상의 목적은 자기와 다른 것을 반영하고, 반사하는 것이다. 구약성경을 주의 깊게 읽어보면, 하나님의 성품을 반영하고, 반사하는 것이 삶의 목적이라는 것을 알 수 있다.

하나님은 거룩하시다. 우리는 그 거룩함을 반사해야 한다. 성화의 과정은 거룩해지는 과정이다. 우리는 우리의 구원을 이루어야 할 뿐 아니라 인간이 창조된 목적을 완수하려고 노력해야 한다.

"우리는 하나님을 영화롭게 하고, 온 우주 앞에서 그분의 성품을 반영하기 위해 창조되었다."

하나님은 자기 백성에게 "내가 거룩하니 너희도 거룩할지어다"라고 요구하신다(벧전 1:16, 이 말씀은 레위기 11장 44, 45절과 같이 구약성경의 여러 곳에 기록되어 있다).

하나님은 안식일을 제정하심으로써 구원의 목적을 상기시키는 초월적인 표징을 허락하셨다. 따라서 우리는 안식일을 지킬 때마다 그 날이 제정된 이유를 깊이 생각해야 한다.

"내 마음이 열망하는 이 안식은 무엇인가?"라고 스스로에게 물어보라. 안식일은 하나님이 우리의 모든 수고를 없애고, 자신의 영원한 안식에 참여하게 하실 날을 예표한다. 그 날에 우리는 하나님의 참모습을 그대로 볼 것이고, 그분 앞에 흠 없이 거룩한 모습으로 설 것이다. 우리는 그분을 영원히 찬양할 것이다. 우리의 구원을 통해 자신을 영화롭게 하는 것이 하나님의 목적이다. 창조 사역도 그와 동일한 목적을 지닌다.

성장하기 위한 계획

사람들은 종종 내게 "내 삶을 위한 하나님의 뜻을 어떻게 알 수 있나요?"라고 묻곤 한다. 이것은 중요한 질문이다. 그 질문의 이면에 숨어 있는 고뇌를 충분히 이해할 수 있다. 우리는 우리의 삶을 위한 하나님의 뜻을 여러 측면에서 구체적으로 분별하는 데 필요한 문제들을 논의할 수 있다. 그러나 나는 대개 "우리의 삶을 위한 하나님의 궁극적인 뜻에 더 많은 관심을 기울여야 합니다. 왜냐하면 성경이 우리의 성화, 곧 거룩하고 순결해지는 것을 우리를 위한 하나님의 뜻으로 가르치기 때문입니다(살전 4:3)."라고 대답한다.

우리는 행위를 중시하는 환경 속에서 살고 있기 때문에 많은 업적을 이루어야만 하나님을 기쁘시게 할 수 있다고 생각하는 경향이 있다. 물론, 행위의 중요성을 부인하려는 의도는 전혀 없다. 하나님을 위해 선한 일을 열심히 하는 것이 우리의 의무다(딛 2:14). 그러나 하나님은 우리의 행위보다 우리의 성품에 훨씬 더 많은 관심을 기울이신다. 하나님은 우리가 훌륭한 신앙 인격과 경건함을 갖춰 그리스도의 형상을 본받기를 바라신다(롬 8:29).

바울 사도는 삶의 막바지에 이르러 디모데에게 "나는 선한 싸움을 싸우고 나의 달려갈 길을 마치고 믿음을 지켰으니"(딤후 4:7)라고 말했다. 그는 자신이 곧 결승전에 도달할 것을 알았다.

우리는 '목적'이라는 말로 결승선의 개념을 묘사한다. 다양한 사업체와 기관들이 목적 진술문을 만들어 자신들의 존재 이유를 밝힌다. 그들의 존재 이유, 곧 그들이 이루려고 하는 것이 '목적'이라는 말로 간략하게 요약된다. 그들은 "우리의 목적에 도달하거나 그것을 이루려면 어떤 전략을 세워야 할까?"라고 묻는다. 그들은 자기들이 가고자 하는 곳에 도달하기 위해 도움이 될 만한 여러 가지 목표와 계획을 세운다.

기업의 경우처럼, 우리의 존재 이유가 곧 우리의 목적이다. 자신을 향해 "내가 나의 삶을 통해 이루려고 노력하는 목적이 무엇인가?"라고 물어보라. 목적을 성공적으로 이루려면 그렇게 하도록 도와줄 목표와 계획이 필요하다. 그러나 우리의 목표는 너무 크거나 작을 때가 많다. 우리 자신을 과대평가하면 목표를 이루지 못했을 때 실망할 수밖에 없다. 그런 실망을 피하려면 현실적인 목표를 세워야 한다. 또 우리 자신을 과소평가해 목표를 작게 세우면 목표를 쉽게 이루고 나서 자만하며 지루해할 수 있다. 그렇게 되지 않으려면 좀 더 도전적인 목표를 세우는 것이 필요하다.

우리의 분발을 자극하면서도 성취 가능한 구체적인 목표를 세우는 것이 중요하다. 영적 목표든, 물리적인 목표든, 관계나 직업 활동과 관련된 목표든 삶을 위한 목표를 정할 때 활용할 수 있는 공식을 한 가지 알려주고 싶다. 그것은 양적으로 측정 가능한 명사를 목적어로 하는 동사를 선택하고, 그 뒤에 날짜를 명시하는 것이다. 그것이 공식이다.

예를 들어, 내년에 집 마당을 좀 더 아름답게 가꾸는 것을 목표로 정했다고 가정해 보자. 이 경우, 나는 무엇으로 마당을 좀 더 아름답게 만들 수 있을지를 숙고하고 나서 "4월 31일까지 꽃나무 다섯 그루를 심기로" 결정했다. 측량 가능한 목표라는 사실을 즉각 알 수 있을 것이다. 목표와 날짜를 구체적으로 명시했다. 4월 31일이 지나면 내가 실패했는지, 아니면 부분적으로 성공했는지, 또는 완벽하게 목표를 달성했는지를 알 수 있다.

물론, 영적 목표는 양적으로 측정하기가 어렵다. 영혼을 정확하게 현미경으로 들여다볼 수 있는 사람이 누가 있겠는가? 그런데도 그리스도인들은 외적인 업적과 성취에 집착하는 경향이 있다. 그들은 자신이 그리스도인이라는 사실을 양적으로 측정해 확인하고 싶어 한다. 그런 시도는 매우 위험하다.

하지만 한편으로 목표를 세우는 습관을 기르면 여러모로 유익한 점이 있다. 구체적으로 말해, 우리는 "나의 목적이 거룩해지는 것, 곧 그리스도의 형상을 온전히 닮는 것이라면 하나님이 자기 백성을 위해 세우신 목표는 무엇일까? 하나님이 나의 영적 성장을 돕기 위해 허락하신 수단은 무엇일까?"라고 물을 수 있다.

우리는 은혜의 수단과 그런 수단을 부지런히 활용해 주님 안에서 성장하는 방법에 관해 많은 것을 말할 수 있다. 예를 들어, 성경은 핵심적인 은혜의 수단 가운데 하나다. 따라서 성경에 정통하는 것이 그리스도인인 나의 목표다. 하나님의 말씀으로 내 영혼을 먹이지 않으면 이 세상에서 성화의 목적과 관련해 큰 진전을 이루기가 어렵다.

또 하나의 중요한 은혜의 수단은 기도다. 기도 생활이 연약하면 영적 성장이 저해된다. 따라서 영적으로 성장하려면 좀 더 적극적으로 열심히 기도하는 것을 목표로 세워야 한다. 마찬가지로 주일 아침에 교회에서 예배를 드리는 것도 필요하다.

이것들이 은혜의 수단이다. 우리는 이것들이 신앙생활의 목표라고 말할 수 있다. 그렇다면 이런 수단들을 구체적인 목표로 전환하려면 어떻게 해야 할까?

성경을 더 잘 알고 싶은 생각이 있다고 가정해 보자. 그런 경우는 공식적인 성경 공부 모임에 참여할 수 있다. 구체적으로 말해 '어바웃 더 바이블'이나 '프리셉트'나 '바이블 스터디 펠로십'과 같은 성경 공부 모임에 참여할 수 있다. 그런 모임들은 규율과 체계를 갖추고 있고, 성경을 좀 더 열심히 공부할 수 있도록 독려한다. 물론, 그런 모임에 참여한다고 해서 저절로 영적 성장이 보장되는 것은 아니다. 일과표에 성경 읽기나 성경 공부를 했다고 표시하는 것이 중요한 것은 아니다. 그런 양적인 측정만으로는 영적 성장이 이루어졌는지 확실하게 알 수 없다. 다만 그렇게 하면 은혜의 수단을 얼마나 잘 활용하고 있는지는 알 수 있다. 성경에 관한 책들을 읽으며 공부하거나 성경 공부 모임에 참여하거나 성경 대학에 다니는 방법 등을 선택하라.

기도를 좀 더 많이 해야 할 필요성을 느낄 때도 정기적으로 모여 기도하며 서로를 격려하는 기도 모임에 참여할 수 있다. 다른 신자들과 함께 기도하는 모임을 절대로 등한시하지 않겠다고 결심하라(히 10:24, 25). 성화를 이루려면 교회 출석이 꼭 필요하다. 물론, 충실하게 교회에 다닌다고 해서 반드시 믿음이 강한 그리스도인일 것이라는 보장은 없지만, 다른 신자들과 함께 모이는 일을 등한시하면 성장이 위축될 수밖에 없다.

"하나님이 우리의 영적 성장을 돕기 위해 마련하신 구체적인 행동 지침을 통해 영적 성장을 이루겠다는 생각을 실천에 옮기는 것이 중요하다."

지름길은 없다. 기독교 서점에 가보면 쉽게 영적 거장이 될 수 있는 법을 알려주겠다고 홍보하는 책들이 눈에 띈다. 그러나 그런 책들을 읽으면 시간과 돈만 낭비될 뿐이다. 왜 그럴까? 그 이유는 영적 성장을 쉽고, 간단하게 이룰 수 있는 방법은 존재하지 않기 때문이다. 그것은 힘써 달려가야 할 고된 일, 즉 철저한 계획이 필요한 일이다. 예수님은 제자직에는 대가가 뒤따른다고 말씀하셨다.

그런 대가를 생각해 보지도 않고 그리스도를 따르겠다고 나서는 사람은 어리석다. 우리는 성경을 공부해 하나님이 우리의 삶을 통해 무엇을 이루기를 원하시는지, 그 과정에서 우리가 극복해야 할 장애 요인은 무엇인지, 하나님이 그런 것들을 극복하도록 돕기 위해 어떤 수단들을 허락하셨는지를 이해해야 한다.

그리스도처럼 되는 것: 모든 영적 성장의 목표

그리스도의 제자로서 살아갈 계획이라면 정신을 바짝 차리고 행동해야 한다. 영적 성장을 이루려면 노력과 훈련은 물론, 모든 역경과 장애 요인을 극복하는 데 필요한 대가를 기꺼이 감당하겠다는 결심이 필요하다. 우리 앞에 목표를 세워두면 어떤 방향으로 힘을 기울여야 할지 알 수 있다. 우리는 결심도 할 수 있고, 열심도 낼 수 있지만 올바른 방향으로 나가지 않으면 올바른 목적지에 도달할 수 없다.

영적 성장의 목적은 무엇일까? 바꾸어 말해, 신앙생활의 목적은 무엇일까? 앞서 말한 대로, 창세기 1, 2장에 기록된 창조 기사를 읽어보면 점진적으로 더 중요한 것을 언급하는 구조로 되어 있다. 여섯째 날과 인간의 창조를 창조 사역의 절정으로 간주해서는 안 된다, 우리는 일곱째 날, 곧 하나님이 자신의 창조 사역을 기뻐하며 안식하신 날을 절정으로 간주해야 한다. 하나님이 "일곱째 날을 복되게 하사 거룩하게 하신" 것처럼(창 2:3), 우리를 거룩하게 할 목적으로 인간을 창조하셨다.

"인간이 하나님을 창조하지 않았다. 하나님이 인간을 창조하셨

다. 하나님이 인간을 위해 존재하는 것이 아니라 인간이 하나님을 위해 존재한다."

성경이 가르치는 대로, 하나님을 인간의 형상으로 만드는 것은 우상 숭배에 해당한다. 그것이 우상 숭배인 이유는 피조물을 하나님처럼 숭배하는 것이기 때문이다. 현대 신학의 가장 큰 문제점은 하나님을 인간의 형상으로 만드는 것이다. 앞에서 인간이 하나님의 성품을 반영하고, 반사하는 독특한 능력을 부여받은 상태로 창조되었다는 점을 힘써 강조한 이유가 바로 여기에 있다.

창조주 하나님은 인간을 창조하면서 자신의 거룩함을 반사하고, 반영할 수 있는 능력을 부여하셨다. 인간은 본질적으로 거룩하지 않지만 하나님은 본질적으로 거룩하시다. 그분은 피조물인 인간에게 자신을 증언하라고, 곧 온 세상을 향해 자신의 성품을 나타내 보이라는 소명을 주셨다.

잘 알다시피, 그리스도께서는 완전한 복종의 삶을 사셨다. 그분은 인간이 창조된 목적과 그 소명을 온전히 이루셨다.

그것이 바울이 마지막 아담, 곧 새로운 아담이신 예수님 안에 "신성의 모든 충만이 육체로 거하신다"라고 말했던 이유다(고전

15:45; 골 2:9). 예수님은 하나님의 영광의 광채이고, 그 본체의 형상이시다(히 1:3). 따라서 예수님은 제자들에게 "나를 본 자는 아버지를 보았거늘"(요 14:9)이라고 말씀할 수 있으셨다.

여기에서 조심해야 할 것이 있다. 나는 신성이 어떤 수단을 통해 우리 안에서 그대로 복사되어 나타난다고 말하지 않았다. 모세가 산에 올라가서 하나님과 대화를 나눌 때 어떤 일이 일어났는지 생각해 보라. 그의 용모가 변했다. 즉 그의 얼굴이 밝게 빛났다. 모세에게서 찬란한 영광이 물리적으로 반사되어 나타났다.

그런 현상이 나타난 이유는 무엇일까? 미디안의 목자였던 그의 내적 영광이 마침내 피부 밖으로 표출되어 사람들이 그의 내면에 있는 것을 보게 된 것일까? 그렇지 않다. 모세가 산에서 내려올 때 영광의 빛이 그의 얼굴에서 찬란하게 빛났던 이유는 하나님을 가까이 마주하고 있을 때 그분의 영광이 그를 온통 에워싸고 있었기 때문이다.

그리스도인의 가장 큰 목적은 '지복직관'(至福直觀, beatific vision), 곧 천상에서 하나님을 친히 뵙는 것(visio Dei)이다. 우리는 이 영광을 위해 살고, 기동하며, 존재한다. 이것이 삶의 극치라고 할 수 있는 우리의 가장 큰 희망이다.

"모세의 얼굴이 아닌 하나님의 얼굴을 친히 뵙는 것이 우리의 영혼이 바라는 가장 큰 갈망이요, 우리의 바람을 충족시키는 가장 큰 만족이다."

우리는 죄를 지었다. 우리는 더럽고, 흉하고, 추하다. 그러나 우리는 말살되지 않았다. 하나님은 우리를 보존하셨다. 그분은 우리를 진멸하지 않으셨다. "한 사람으로 말미암아 죄가 세상에 들어오고 죄로 말미암아 사망이 들어왔지만"(롬 5:12), 하나님은 우리를 보존하고, 구원하기로 작정하셨다.

은혜가 풍성하신 하나님은 지금도 여전히 "나는 너희들의 하나님이 되리라"(렘 30:22), "나는 네 가운데에 머물리라"(슥 2:11), "하나님을 가까이하라 그리하면 너희를 가까이하시리라"(약 4:8), "내가 내 성막을 너희 중에 세우리니"(레 26:11), "내 처소가 그들 가운데 있을 것이며 나는 그들의 하나님이 되고 그들은 내 백성이 되리라"(겔 37:27)라고 약속하신다.

하나님은 자기 백성과 계속 관계를 유지하신다. 그러나 그분이 지금도 분명하게 요구하시는 한 가지 절대적인 금지 조항이 있다. 그것이 무엇일까? 그것은 바로 "네가 내 얼굴을 보지 못하리니 나를 보고 살 자가 없음이니라"(출 33:20)라는 말씀이다.

하나님께 가까이 다가갈 수는 있지만 그분의 얼굴을 볼 수는 없다. "네가 내 등을 볼 것이요 얼굴은 보지 못하리라"(출 33:23)라는 말씀대로 심지어 모세도 하나님의 얼굴을 볼 수 없었다.

우리는 죄를 지음으로써 너무나도 큰 영광을 잃어버렸다. 그렇다면 이 상태가 영원히 계속될까? "그렇지 않다."라고 자신 있게 말할 수 있는 것이야말로 복음의 가장 좋은 소식이 아닐 수 없다. 요한은 자신의 첫 번째 서신에서 이렇게 말했다.

> "보라 아버지께서 어떠한 사랑을 우리에게 베푸사 하나님의 자녀라 일컬음을 받게 하셨는가, 우리가 그러하도다 그러므로 세상이 우리를 알지 못함은 그를 알지 못함이라 사랑하는 자들아 우리가 지금은 하나님의 자녀라 장래에 어떻게 될지는 아직 나타나지 아니하였으나 그가 나타나시면 우리가 그와 같을 줄을 아는 것은 그의 참모습 그대로 볼 것이기 때문이니"(요일 3:1, 2).

위의 말씀을 보니, 영혼의 노래가 절로 나오지 않는가? 우리는 그분의 참모습을 그대로 볼 것이다. 피조물의 영광을 통해 반영되거나 반사된 모습이나 하나님이 창조하신 인간의 형상이 아닌 그분의 참모습을 그대로 볼 것이다. 우리는 환히 드러난 하나님의 얼굴을 직접 볼 것이다. 그 순간에 우리의 영혼은 온전하게 만족되고, 하나님의 아름다우신 영광이 찬란하게 드러날 것이다.

이것이 우리의 가장 깊은 갈망이요 가장 큰 행복이다. 그렇다면 모든 선물 가운데 가장 큰 선물인 이것을 어떻게 받을 수 있을까? 누구에게 하나님을 보게 될 기회가 약속되었을까? 그 약속은 마음이 청결한 자에게 주어졌다. 예수님은 "마음이 청결한 자는 복이 있나니 그들이 하나님을 볼 것임이요"(마 5:8)라고 말씀하셨다. 그러나 우리는 마음이 청결하지가 못하다. 이것이 이 책을 읽는 사람 중에 하나님을 본 사람이 아무도 없는 이유다.

삶의 목적은 그리스도의 형상을 닮는 것이다. 우리가 창조된 본래의 목적, 곧 하나님의 성품을 주변 세상에 반사하는 것이 우리의 목적이다. 내가 어렸을 때 배운 〈웨스트민스터 소요리문답〉의 첫 번째 물음은 "인간의 가장 중요한 목적이 무엇인가(인간의 첫 번째 목적이 무엇인가)?"라고 묻고, "인간의 가장 중요한 목적은 하나님을 영화롭게 하고 그분을 영원히 즐거워하는 것이다."라고 대답한다. 어렸을 때는 하나님을 영화롭게 하는 것이 즐거운 일이라고 생각하지 않았기 때문에 그 말의 의미를 도무지 이해하기가 어려웠다.

그러나 그 후로 하나님의 가장 큰 영광이야말로 나의 가장 큰 기쁨이라는 사실을 깨달았다. 우리는 우주의 창조주이신 하나님을 영화롭게 하기 위해 창조되었다. 우리는 거룩하게 되기 위해 창조되었다. 이 목적을 거부하면 우리는 모든 가치를 잃어버린 채 깊은 상실감과 불안감에 시달릴 수밖에 없다. 왜냐하면 우리가 창조된 본래의 본성에서 벗어났기 때문이다.

그러나 우리의 영혼이 하나님의 영광을 소중히 여기면 거룩한 삶이라는 목적을 향해 달려가는 데 필요한 동력을 얻을 수 있다. 목적이 수단에 동력을 공급한다.

Growing in holiness
: Understanding God's role and yours

성경은 "항상 복종하여 두렵고 떨림으로 너희 구원을 이루라 너희 안에서 행하시는 이는 하나님이시니 자기의 기쁘신 뜻을 위하여 너희에게 소원을 두고 행하게 하시나니"(빌 2:12, 13)라고 말씀한다. 물론, 기다려야 할 때도 있다. 그러나 성화(그리스도 안에서의 성장)에 관한 신약성경의 기본적인 가르침은 훈련된 노력을 강조한다. 그리스도 안에서의 성장은 쉽지 않다.

2장.

성화를 방해하는 세력들을 극복하라

성화를 방해하는 세력들

영적으로 성장하려면, 어떤 실천적인 단계를 밟아나가야 할까? 무엇보다도 그리스도 없이 우리 스스로는 아무것도 할 수 없다는 진리를 받아들여야 한다(요 15:5). 그래야만 이 믿음의 순례를 떠나는 것보다 더 긴급하고, 더 필요하고, 더 즐거운 일이 없다는 것을 자유롭게 인정할 수 있는 마음이 생긴다. 이번 장을 시작하면서 확신하며 기도하건대 진리의 성령께서 그리스도를 본받는다는 것이 무슨 의미인지를 분명하게 가르쳐주실 것이다.

나는 그리스도인이 되기 몇 년 전부터 간단하고, 단순한 찬송가를 몇 곡 알고 있었다. 나는 이따금 교회에 나갔다. 주말 야외 수련회와 같이 특별한 사교 활동이 계획되어 있을 때는 특히 더 그랬다. 그런 행사를 통해 우리는 간단한 찬송가를 몇 곡 배울 수 있었다.

우리가 반복해서 부르곤 했던 찬송가 가운데 외우기 쉬운 노랫말을 가진 찬송가가 한 곡 있었다. 나는 그 찬송가를 좋아했지만 무슨 의미인지 잘 몰랐다. 그 찬송가의 노랫말은 "신자 되기 원합니다 진심으로"로 매우 간단했다. 그 찬송가를 아는가? 모든 내용이 "사랑하기 원합니다 진심으로… 예수 닮기 원합니다 진심으로"라는 간단한 노랫말로 이루어져 있다. 그 찬송가를 불렀지만 조금 전에 말한 대로 그 의미가 무엇인지는 알지 못했다.

그러나 일단 그리스도인이 되자 그 찬송가가 전혀 새롭게 느껴졌다. 나는 하나님의 은혜 덕분에 인간의 힘으로는 절대로 넘을 수 없는 경계선을 넘어 어둠의 왕국으로부터 빛의 왕국으로 옮겨갔다(골 1:13). 나는 기독교의 믿음 안에는 마법의 공식이 없다는 사실을 매우 신속하게 이해했다.

나는 나의 새로운 탄생이 말 그대로 '탄생'이라는 사실을 깨달았다. 신약성경을 읽는 동안, 어린아이로 머물지 않고, 그리스도의 온전한 분량까지 성장해야 한다는 사실을 알게 되었다.

나는 영적 성장의 문제에 깊은 관심을 기울였다. 교사들과 조언자들에게 물어도 보고, 책과 성경을 읽기도 하면서 신앙생활의 발전을 이룰 수 있는 방법을 찾았다. 나는 나의 기대를 몇 가지 수정해야 했다. 왜냐하면 마치 정상을 체험한 것과 같은 강한 열정으로 시작했을 뿐 아니라 믿음에서 믿음으로, 능력에서 능력으로, 은혜에서 은혜로, 영광에서 영광으로 빠르게 발전해 나갈 것이라고 믿었기 때문이었다. 나는 나를 존 번연의 『천로역정』에 나오는 '절망의 구렁텅이'에 빠뜨리려고 위협하는 방해 요인이 그토록 많을 줄은 꿈에도 생각하지 못했다.

결국, 나는 단순한 복음전도자들의 설교와 그들의 장밋빛 약속이 얼마나 허무한 것인지를 알게 되었다. 예를 들어, 그들은 "예수님께 나오면 모든 문제가 해결될 것입니다. 예수님을 믿으세요. 모든 것을 버리고, 하나님을 의지하세요."라고 말한다. 그러나 나는 그리스도인이 되는 순간부터 전에는 한 번도 경험하지 못한 복잡한 삶의 차원이 새롭게 열린다는 것을 매우 빠르게 이해했다. 1장에서 말한 대로, 그리스도를 믿는 순간부터 나의 삶은 실제로 더욱 복잡해졌다.

나의 양심이 새로워졌고, 탁월함의 기준도 새로 주어졌다. 스스로 현혹될 가능성이 존재하고, 죄를 깨닫게 하시는 성령의 사역에 저항하려는 의지가 여전히 남아 있었지만 나는 나의 현재 상태가 그리스도 안에 거하라는 부르심을 이루기에는 너무나도 부족하기만 하다는 사실을 절감할 수 있었다.

지금 나는 하나님의 나라에 거한 지 50년이 넘었다. 이쯤 되면 그리스도를 온전히 닮게 되었기 때문에 그 엄청난 차이가 완전히 제거되어 사라졌다고 말할 수 있으면 좋겠지만 실제로는 그렇지가 못하다. 이것이 성화와 관련된 문제 가운데 하나다.

개혁주의 신앙의 선배들이 가르친 대로, 영적 성장의 표징 가운데 하나는 우리의 타락한 상태를 갈수록 더 절실하게 의식하는 것이다. 따라서 어떤 점에서 복잡함이 줄어드는 것이 아니라 더욱 늘어난다. 해야 할 일이 아직도 많이 남아 있고, 이룬 것은 지극히 적은 것처럼 생각되는 것은 참으로 크게 실망스러운 경험이 아닐 수 없다.

지나치게 비관적인 태도를 취할 생각은 조금도 없다. 그러나 신앙생활의 성장이 쉽다고 말한다면 그것은 정직하지 못한 일일 것이다. 가만히 뒷짐을 지고 앉아 모든 것이 저절로 이루어지기를 바랄 수는 없다. 신앙생활이 저절로 잘 되기를 바란다면 5분도 채 못되어 영적 능력이 고갈되고 말 것이 분명하다. 안일한 믿음주의는 파괴적인 결과를 낳는다.

성경은 "항상 복종하여 두렵고 떨림으로 너희 구원을 이루라 너희 안에서 행하시는 이는 하나님이시니 자기의 기쁘신 뜻을 위하여 너희에게 소원을 두고 행하게 하시나니"(빌 2:12, 13)라고 말씀한다. 물론, 기다려야 할 때도 있다. 그러나 성화(그리스도 안에서의 성장)에 관한 신약성경의 기본적인 가르침은 훈련된 노력을 강조한다. 그리스도 안에서의 성장은 쉽지 않다. 그것은 일평생 끊임없이 노력해야 할 일이다.

새 신자라면 이 과정이 막 시작되었다는 것을 알아야 하고, 오랫동안 신앙생활을 해온 신자라면 이 진리를 다시금 깊이 새겨야 할 것이다.

"위대한 개혁자 마르틴 루터는 세상과 육신과 마귀를 그리스도인의 성장을 방해하는 세 가지 주된 요인으로 꼽았다."

선에 한 빈쯤은 그런 말을 다 들어보았을 것이다. 그러나 과연 세상이나 육신이나 마귀가 어떤 식으로 영적 성장을 방해하는지를 깊이 있게 생각해 본 적이 있는지 궁금하다.

세상이라는 방해 요인

루터는 세상을 방해 요인으로 말했을 뿐, 세상을 경멸하라고 말하지 않았다. 사실, 세상은 성부 하나님의 세상이다. 세상은 하나님의 구원이 이루어지는 곳이다. 하나님은 세상을 창조하셨고, 지금 세상을 구원하는 일을 하고 계신다.

그러나 우리는 세상이 또한 두려움의 장소라는 냉엄한 현실을 직시해야 한다. 죽음, 파괴, 질병, 폭력이 도처에 도사리고 있다가 어느 순간에 공격해 올지 모른다. 자연도 여전히 우리를 거스른다. 어떤 점에서 보면, 자연이 우리를 증오하는 것처럼 보인다. 자연이 우리를 거스르는 이유는 우리가 세상을 파멸로 몰아넣었기 때문이다(창 3:17-19). 바울은 "피조물이 다 이제까지 함께 탄식하며 함께 고통을 겪고 있는 것을 우리가 아느니라"(롬 8:22)라고 말했다.

자연은 그 자체로는 아무런 능력이 없다. 자연은 창조되었다. 창조주 하나님이 자연을 지배하신다. 새 신자들은 이해하기 어려운 사실이지만, 하나님은 자신의 뜻이 온전히 이루어질 때까지 자연이 인간을 거스르게 만드셨다(롬 8:20, 21). 물론, 이것은 우리가 자연에 굴복해야 한다는 뜻이 아니다. 우리는 땅을 지배하고, 세상을 안전하게 만들고, 질병과 기근을 정복하는 등, 계속해서 창조 명령을 수행해야 한다(창 1:26-28). 그러나 하나님은 자연이 종종 우리를 대적하게 만드셨다. 이것 역시 우리의 성화를 위한 것이다. 우리는 죽음과 질병을 비롯해 많은 것들과 맞서 싸워야 한다.

아울러 성경은 세속성의 위험에 대해 경고한다. 세속성이란 세상의 것을 하나님의 것보다 더 사랑하는 것을 의미한다(요일 2:15-17). 그 이유는 세상의 성향과 행동 양식과 가치관이 하나님의 뜻과 정면으로 배치되기 때문이다. "온 세상은 악한 자 안에 처해 있다"(요일 5:19). 이것이 예수님이 "나라가 임하시오며"(마 6:10)라고 성부 하나님께 기도하라고 가르치신 이유다.

세상이 영적 성장의 방해 요인이 된 이유는 무엇일까? 최근에 나를 가장 놀라게 한 것 가운데 하나는 미국의 세속 문화와 복음주의 문화에 대한 갤럽의 여론 조사 결과였다. 여론 조사자는 "얼마나 자주 교회에 나가는가?", "얼마나 자주 성경을 읽는가?"라고 물었다. 참으로 곤혹스러운 사실은 세속 문화와 복음주의 문화 가운데서 발견된 기본적인 행동 양식이 거의 똑같게 나타났다는 것이다. 우리는 이런 사실 앞에서 "교회가 세상에 영향을 미치고 있는가, 아니면 세상이 교회에 영향을 미치고 있는가?"라고 묻지 않을 수 없다. 이것은 기독교적 성장을 가로막는 엄청난 방해 요인이 아닐 수 없다. 이것이 바울이 로마서 12장 1, 2절에서 아래와 같이 말했던 이유다.

"그러므로 형제들아 내가 하나님의 모든 자비하심으로 너희를 권하노니 너희 몸을 하나님이 기뻐하시는 거룩한 산 제물로 드리라 이는 너희가 드릴 영적 예배니라 너희는 이 세대를 본받지 말고 오직 마음을 새롭게 함으로 변화를 받아 하나님의 선하시고 기뻐하시고 온전하신 뜻이 무엇인지 분별하도록 하라."

이것이 무슨 의미일까? 간단히 말해, 그리스도인은 세상에 순응해서는 안 된다는 뜻이다. 그리스도인의 행위는 어떤 문화 안에서든 기존의 행동 방식과 특정한 사회의 관습을 뛰어넘어야 한다. 우리는 다른 북소리에 맞춰 행진해야 한다. 우리에게 주어진 삶의 소명은 사회가 인정하는 것보다 더 월등하다. 바울은 이 소명을 '그리스도 예수 안에서 하나님이 위에서 부르신 부름'(빌 3:14)으로 일컬었다.

이 점을 예시하는 대표적인 본보기가 낙태 문제다. 내가 대학에 다닐 때만 해도 낙태는 범죄 행위로 간주되었다. 우리가 아는 부부가 아이를 낙태시켰다면 그들은 그 일을 입 밖에 내지 않았다. 교회 안에서나 종교적인 세상에서는 물론, 일반 사회에서도 낙태는 금기시되었다. 사회는 낙태를 못마땅하게 생각했다. 그것은 상상할 수 있는 사회적 행위 가운데서 가장 저급한 행위로 여겨졌다.

그것이 서양의 역사, 특히 서구 유럽의 역사 대대로 유지되어 온 현실이었다. 그러던 상황이 지금은 극적으로 바뀌었다. 그 이유가 우리가 낙태가 그렇게 나쁜 것이 아니라고 생각할 만큼 우리의 지적 능력이 성장했기 때문일까, 아니면 낙태를 드러내 놓고 말할 만큼 문화적 여건이 성숙했기 때문일까? 아무튼, 이런 변화로 인해 여성 해방의 대의가 크게 약진했고, 교회의 속박으로부터 모든 것이 해방되는 결과가 나타났다.

그러나 여기에서 말하려는 초점은 낙태가 아니라 사람들이 자기 나라의 관습에 어떻게 순응하는지를 다루는 데 있다. 미국에 사는 대다수 사람이 합법적인 낙태를 지지한다. 불과 50년 전만 해도 낙태를 지지하는 사람들은 전체의 2퍼센트에도 못 미쳤다. 관습이 변했다. 요즘 사람들은 사회적으로 용인되는 것에 근거해 도덕적인 결정을 내린다. 안타깝게도 우리 사회는 "하나님이 내게 무엇을 요구하시는가?"라고 묻지 않고,

"주변 사람들이 무엇을 하고 있는가?"라고 묻는다.

우리의 젊은 시절을 한번 돌아보자. 우리는 청년 시절에 또래 집단 사이에서 불같은 삶의 열정을 인정받으며 외부인으로 취급당하지 않으려고 노력했다. 그때는 정체성을 찾으려고 애쓰던 때였다. 우리는 다른 사람들처럼 옷차림새를 하고, 다른 사람들처럼 말하고, 다른 사람들이 하는 대로 따라 했다. 순응을 원하는 욕구가 모든 세대, 모든 나라, 모든 문화, 모든 사회, 모든 문명 안에서 얼마나 큰 영향을 미치는지 짐작하겠는가?

그리스도인들도 그런 유혹에서 자유롭지 못하다. 이것이 기독교 공동체 안에서 특정한 문화적 풍조가 발견되는 이유다. 예를 들면, 오순절주의 문화, 근본주의 문화, 성공회 문화 등이다. 다양한 집단 안에 서로 다른 금기와 관습이 존재한다. 한쪽에서는 화장도 하지 말고, 춤도 추지 말라고 하고, 다른 한쪽에서는 그런 것들을 문제로 생각하지 않는다. 사람들은 "무엇이 하나님을 기쁘시게 하는가?"가 아니라 "무엇이 또래 집단을 기쁘게 하는가?"를 묻는다. 그 순간, 세상은 영적 성장을 가로막는 거대한 장애 요인이 된다.

그리스도인이 배워야 할 가장 어려운 것 가운데 하나는 그리스도의 생각을 본받아 우리가 해야 할 것이 무엇인지를 분별하는 것이다. 그렇게 해야 할 이유는 사회에서 용인되는 것이 아닌 하나님이 요구하시는 것이 기독교 윤리의 토대이기 때문이다. 신앙생활이 발전하려면, 그런 장애 요인의 본질을 파악해 그것을 극복할 방법을 찾아야 한다. 이것은 추상적인 이론이 아닌 우리 모두에게 해당하는 구체적이면서도 실존적인 문제다.

예를 들어, 우리 문화 안에서 신학적 논쟁에 참여하는 것이 얼마나 인기가 있는지 생각해 보자. 그것은 절대로 해서는 안 될 일로 간주된다. 우리 사회는 종교나 정치에 관한 논쟁을 금기시한다. 그 이유는 종교나 정치에 관한 논쟁이 분쟁을 일으키기 때문이다. 그것은 문명화된 교양인들이 해서는 안 되는 일이다. 그렇다면 그런 사고방식이 교회에 어느 정도나 영향을 미치고 있을까? 요즘의 교회가 가장 꺼리는 일은 신학적 논쟁이다. 신학적 논쟁을 벌이는 것은 명백한 악으로 간주된다. 오늘날의 신자들은 신학적 논쟁이 신앙생활에 적합하지 않으며, 영적인 일이 못 된다고 생각하기 때문에 어떤 일이 있더라도 논쟁만은 피해야 한다고 믿는다.

그러나 성경을 펼쳐 읽어보면 에덴동산에서 뱀과 하나님이 신학적 논쟁을 벌였던 것을 알 수 있다. 그다음에는 가인과 아벨 사이에서 신학적 논쟁이 벌어졌다. 구원의 역사를 살펴보면, 이스라엘의 거짓 선지자들과 참 선지자들이 신학적 논쟁을 벌였던 것을 알 수 있고, 복음서를 보면 예수님의 삶이 진리에 대한 논쟁으로 점철되었던 것을 알 수 있다. 서신서도 예외가 아니었다. 바울 사도는 날마다 하나님의 진리에 관해 논쟁을 벌였다.

교회의 역사를 돌아보더라도, 믿음의 영웅들이 오류와 기만의 와중에서 기독교의 진리를 옹호했던 위대한 순간들을 발견할 수 있다. 그들은 믿음의 순수성을 지키기 위해 힘써 싸웠다. 물론, 모두가 잘 아는 대로, 진리를 위해 싸우는 일이 악한 충동에 이끌릴 가능성도 없지는 않다. 그러나 진리를 위해 싸운다는 것은 기독교의 역사 대대로 가장 고귀한 미덕 가운데 하나로 간주되어 왔다. 그런데도 오늘날에는 그것이 악덕으로 간주된다. 그 이유는 하나님이 그것이 악하다고 말씀하셨기 때문이 아니라 문화가 그렇게 말하기 때문이다.

그렇다면 우리는 어떻게 해야 할까? 성화의 증거 가운데 하나는 하나님의 진리를 옹호하기 위해 도살장에 끌려가는 양 같이 되어 미움과 박해를 당하더라도 그것을 기꺼이 감수하는 것이다. 그러나 세상은 물론, 교회까지 나서서 그런 태도가 바람직하지 않다고 주장한다면 그렇게 하기는 매우 어려울 것이다. 심지어는 그것이 미덕으로 간주되더라도 실행하기가 어려울 것이 틀림없다. 세상은 그리스도의 충실한 옹호자가 되겠다는 우리의 결심을 무너뜨리고, 자신의 행동 양식을 따르라고 유혹한다. 세상이라는 방해 요인을 극복하려면 하나님에게서 비롯한 규범과 기준과 행동 규칙으로 우리의 생각을 가득 채워야 한다.

따라서 나는 모두에게 오늘 어떤 세속적인 행동 양식을 좇았는지 생각해 보라고 권하고 싶다. 하나님의 율법에 어긋난 것인 줄 알면서도 우리가 속해 있는 문화를 즐겁게 하는 일을 하고 있지는 않은가? 어느 곳으로부터 행군 명령을 받고 있는가? 이방 사회에서 어떻게 살고 있는가? 생소하고, 낯선 세상에서 주님의 노래를 어떻게 부르고 있는가?

주님의 노래를 부르려면 그 노랫말을 알아야 한다. 무엇이 주님의 노래인지를 알아야 한다. 간단히 말해, 주야로 하나님의 말씀을 묵상함으로써 그분이 무엇을 요구하시는지를 알아야 한다.

육신이라는 방해 요인

이번에는 우리의 성화를 가로막는 두 번째 장애 요인인 육신에 대해 생각해 보자. 안타깝게도 우리는 이 점을 약간 혼란스러워하는 경향이 있다. 성경에 보면, '육신'이나 '육체'로 번역되는 서로 다른 두 개의 헬라어가 있다. 하나는 '소마'이고, 다른 하나는 '사륵스'이다.

'소마'는 대개 인간의 물리적인 육체를 뜻하는 '몸'으로 번역된다. '심신증'을 뜻하는 영어 단어 'psychosomatic illness'를 들어보았을 것이다. 이 용어를 구성하는 '사이코'(psycho)와 '소메틱'(somatic) 둘 다 헬라어에서 유래했다. 심신증이란 육체가 사실 건강한데도 우리의 심리, 곧 생각이나 감정으로 인해 여러 가지 장애 증상을 겪는 질병을 가리킨다.

'사륵스'도 '몸'이나 '물리적인 육체'로 번역되지만, 단지 물리적인 몸 이상의 의미를 지닐 때가 많다. 이것을 혹시 알고 있을지도 모르는 또 다른 헬라어 단어와 직접 연관 지어 생각하면 특히 더 그렇다. 그 단어는 바로 '프뉴마'이다. 이것은 '숨, 바람, 영'을 뜻하는 성경 용어다. 압축된 공기의 힘으로 작동되는 '공기 드릴'(pneumatic power drill)이라는 말을 들어보았을 것이다.

'프뉴마'는 인간의 영, 또는 궁극적으로 성경에서 '거룩한 영'으로 불리는 성령을 가리킨다. '사륵스와 프뉴마', 즉 육신과 영에 관한 논의에서는 '사륵스'가 타락한 인간의 부패한 본성을 뜻한다는 점을 기억해야 한다(이 말은 성경에서 그런 의미로 가장 자주 사용된다).

예수님은 니고데모와 육신에 관해 대화를 나누면서 "사람이 물과 성령으로 나지 아니하면 하나님의 나라에 들어갈 수 없느니라"(요 3:5)라고 말씀하고 나서 "육으로 난 것은 육이요"라고 덧붙이셨다(요 3:6).

예수님이 말씀하시려는 요점은 우리가 본질상 도덕적으로 부패한 상태로 태어난다는 것이다. 육신으로 태어난다는 것은 영적인 것을 추구하려는 성향이 없는 상태로 태어난다는 의미다. 우리는 영적으로 죽은 상태로 태어난다. 그 이유는 우리가 하나님의 일에 대해 죽었기 때문이다. 우리는 생물학적으로는 살아 있더라도 영적으로는 죽은 상태다. 우리는 영적으로 죽은 상태로 세상에서 삶을 시작하고, 성경은 이를 '육'으로 일컫는다. 예수님은 "육은 무익하니라"(요 6:63)라고 말씀하셨다.

바울은 육신과 영이라는 용어를 사용해 타락한 인간의 부패한 본성과 성령으로 새롭게 거듭난 능력을 대조했다. 그는 갈라디아서 5장 16-18절에서 이렇게 말했다.

"내가 이르노니 너희는 성령을 따라 행하라 그리하면 육체의 욕심을 이루지 아니하리라 육체의 소욕은 성령을 거스르고 성령은 육체를 거스르나니 이 둘이 서로 대적함으로 너희가 원하는 것을 하지 못하게 하려 함이라 너희가 만일 성령의 인도하시는 바가 되면 율법 아래에 있지 아니하리라."

위의 말씀은 일종의 대립 관계를 보여주고 있다. 우리의 내면에서 싸움이 벌어지고 있다. 바울은 이것을 이따금 옛 사람과 새 사람의 싸움으로 일컫는다. 그리스도인들은 영원한 영광에 들어가기 전까지 세상에 사는 동안 육신과 싸워야 한다.

그러나 어떤 철학자들이 주장하는 대로 물질적인 것이기 때문에 악하다고 생각해서는 안 된다. 그런 주장은 성경의 가르침과 정면으로 충돌한다. 하나님은 물리적인 세상을 창조하셨다. 하나님이 물리적인 세상을 창조하면서 뭐라고 거듭 말씀하셨는지 아는가? 그분은 보기에 좋다고 말씀하셨다(창 1:10 참조). 물론, 아담과 하와가 타락한 후에 세상이 부패했다. 그 부패성은 물리적인 것들을 통해 종종 모습을 드러낸다. 그러나 물리적인 것 자체가 본질적으로 악한 것은 아니다. 이렇게 말할 수 있는 근거는 무엇일까?

요한은 "말씀이 육신이 되어 우리 가운데 거하시매"(요 1:14)라고 말했다. 하나님의 아들이 죄 없는 상태로 육신을 입고 인간이 되셨다. 더욱이 성경은 하나님이 우리의 물리적인 육체를 되살려 손으로 만질 수 있는 부활한 그리스도의 육체처럼 변화시키실 것이라고 가르친다. 예수님은 부활하신 후에 제자들과 음식을 함께 먹고, 마시셨다(행 10:41; 빌 3:20, 21). 하나님은 물리적인 영역을 배척하지 않고, 구원하신다.

따라서 우리는 바울이 언급한 싸움이 영혼과 육체의 싸움이 아니라고 확신할 수 있다. 기독교적 성장을 가로막는 주된 장애 요인 가운데 하나가 육신이라고 말할 때의 '육신'은 물리적인 육체를 가리키지 않는다. 육신은 타락한 인간의 본성을 가리킨다. 거기에는 육체만이 아니라 정신과 마음과 영혼, 곧 우리의 생각과 감정과 의지가 모두 포함된다. 성령으로 새롭게 된 우리의 영혼은 타락한 본성에서 비롯하는 악한 성향과 싸움을 벌인다. 바울은 이 점을 염두에 두고 육신과 영의 충돌(다툼)에 관해 말했다.

"육체의 일은 분명하니 곧 음행과 더러운 것과 호색과"(갈

5:19)라는 말씀에서 흥미로운 점이 하나 발견된다. 만일 거기에서만 그친다면 바울이 육체적인 죄와 욕구만을 염두에 두고 육체의 일을 언급했다고 속단하기 쉽다. 그 이유는 그가 길게 열거한 육체의 일 가운데 맨 처음에 언급된 죄들이 모두 하나님이 악하다고 선언하신 육체적 행위와 관련이 있기 때문이다.

그러나 바울이 열거한 죄들("우상 숭배와 주술과 원수 맺는 것과 분쟁과 시기와 분냄과 당 짓는 것과 분열함과 이단과 투기와 술 취함과 방탕함과 또 그와 같은 것들이라")을 좀 더 살펴보면(갈 5:20, 21) 그렇게만 생각할 수 없다는 것을 알 수 있다. 우상을 만드는 것은 물리적인 일이지만 우상 숭배는 영혼에서 비롯하는 악한 예배 행위에 해당한다. 이것도 육체의 일에 포함되었다. 투기는 내적 동기, 곧 감정과 관련되고, 분열함과 시기도 육체로 짓는 죄가 아니다. 따라서 바울이 말한 육체의 일은 육체적인 욕구가 아닌 부패한 마음과 악한 성향에서 발생하는 일을 의미한다고 결론지을 수 있다.

우리는 죄를 지을 때마다 그리스도께 복종하는 것보다 죄짓는 것을 더 좋아하는 성향을 드러낸다. 죄를 지으려는 욕구가 그리스도께 복종하려는 욕구보다 더 강렬하고, 더 크다. 만일 그렇지 않다면 우리는 죄를 짓지 않을 것이다.

우리 안에서 싸움이 진행되고 있다. 그것은 욕구의 싸움, 마음의 성향과 관련된 싸움이다.

"우리의 성화를 가장 크게 가로막는 장애 요인은 사악한 욕망과 악한 열정을 품고 있는 육신적인 마음이다."

나는 지금도 죄가 나를 행복하게 해줄 것이라는 유혹을 느낀다. 우리가 죄를 짓는 이유는 죄를 짓고 싶어 하기 때문이고, 죄를 짓고 싶어 하는 이유는 죄를 짓는 것이 우리를 행복하게 해줄 것이라고 믿기 때문이다. 그러나 죄는 우리를 행복하게 하지 않는다. 죄는 쾌락을 제공할 뿐이다. 쾌락과 행복은 서로 다르다.

신약성경은 영적인 삶이 성장하려면 두 가지가 필요하다고 가르친다. 첫째는 옛 사람, 곧 육신을 죽여야 한다.

둘째는 새 사람을 강화하고, 양육해야 한다. 간단히 말해, 육신을 약화시키고, 영을 강화해야 한다. 하나님의 은혜로 강하고, 견고해져야 한다. 매일 자기에 대해 죽어야만 옛 사람을 죽일 수 있다.

이것은 일평생의 과정이다. 죄의 권세와 악한 성향이 우리가 영화롭게 될 때까지 일평생 우리를 유혹하려고 안간힘을 쓴다. 죄의 잔재와 욕망이 마음으로부터 단번에 제거되는 것, 이것이 곧 영화의 의미다.

자신의 내면에서 육체의 일과 성령의 열매가 서로 싸움을 벌이는 것을 경험해 본 적이 있는가? 성령의 열매에는 사랑과 자비와 온유와 희락이 포함된다(갈 5:22, 23). 그런 열매들은 육신에서 나오지 않는다. 악한 본성은 그런 열매를 맺을 수 없다.

그것들은 성령께서 우리 안에 내주하며 우리의 영혼에 역사해 의의 열매를 맺게 하실 때 나타나는 결과다. 그런 결과는 그리스도를 통해 우리의 삶 속에 나타난다. 그 이유는 "누구든지 그리스도 안에 있으면 새로운 피조물이기" 때문이다(고후 5:17). 그러나 우리가 새로운 피조물이라고 하더라도 아직 온전히 새로워진 것은 아니다. 그것은 우리가 천국에 갔을 때 이루어질 일이다. 천국에 가기 전까지는 끝나지 않는 싸움이 계속된다.

마귀라는 방해 요인

이번에는 마귀와의 싸움을 잠시 살펴보자. 이 주제를 꺼내야 할지 좀 주저되었다. 왜냐하면 16세기에 마르틴 루터가 매우 중요하게 생각했던 것이 지금은 재미있는 농담거리처럼 취급되고 있기 때문이다. 요즘 사람들은 마귀를 중세 시대에나 통했던 시대착오적인 미신으로 간주한다. 중세 시대 사람들은 마귀와 그의 사역에 깊은 관심을 보였다. 그러나 요즘에는 사탄이라는 개념을 미신으로 생각하는 사람들이 많다.

그러나 성경적인 신앙을 진지하게 받아들인다면, 사탄이라는 존재를 가볍게 무시할 수 없을 것이다. 성경은 사탄을 신화적인 존재가 아닌 강력한 힘을 지닌 현실적인 존재로 간주한다. 이것은 기독교의 기본적이고, 핵심적인 진리이기 때문에 이를 부인하는 것은 곧 믿음의 본질을 부인하는 것이다.

전 세계 교회가 가장 많이 암송하는 성경 구절 가운데 하나는 주기도다. 주기도에도 마귀가 언급되어 있다. 예수님은 "그러므로 너희는 이렇게 기도하라… 우리를 시험에 들게 하지 마시옵고 다만 악에서 구하시옵소서"(마 6:9, 13)라고 가르치셨다. 여기에서 '악'은 비인격적인 힘을 가리키는 것처럼 들린다. 성경에는 추상적인 악을 가리키는 용어가 있다. 그것은 '악'을 뜻하는 '포네론'이다. 이 말은 추상적인 악을 가리키는 중성 명사다.

그러나 예수님은 주기도에서 '악'을 뜻하는 남성 단수 명사 '포네로스'를 사용하셨다. 헬라어 학자들이 일반적으로 말하는 대로 이 용어의 의미를 살려 번역하면, "우리를 시험에 들게 하지 마시옵고 다만 악한 자에게서 구하시옵소서"라고 해야 한다. '포네로스'는 성경에서 사탄을 가리키는 칭호 가운데 하나다. 따라서 우리는 주기도를 드릴 때마다 우리 주위에 보호막을 둘러 사탄의 교활한 계책과 유혹적인 힘으로부터 우리를 지켜달라고 간구하는 셈이 된다.

바울은 에베소서에서도 또다시 싸움을 언급했다. 육신과 영의 싸움에 관해서는 이미 살펴본 바 있다. 바울은 비유를 사용해서 그리스도인들에게 하나님의 전신 갑주를 입으라고 당부했다. 바울 사도가 하나님의 전신 갑주를 입으라고 당부한 이유는 무엇일까? 에베소서 6장 10, 11절은 "끝으로 너희가 주 안에서와 그 힘의 능력으로 강건하여지고… 전신 갑주를 입으라"라고 말씀한다. 헬라어를 아는 사람이 이 문장을 보면, 목적을 뜻하는 가정법 현재가 사용된 것을 알 수 있을 것이다. 바울이 하나님의 전신 갑주를 입으라고 말한 이유는 바로 "마귀의 간계를 능히 대적하기 위해서다."

이것이 우리에게 하나님의 전신 갑주가 필요한 이유다. 우주적인 차원에서 벌어지는 싸움에서 승리하려면 무기가 필요하다. 바울이 다음 구절에서 진술한 대로, 이 싸움은 우주적인 차원의 싸움이다. "우리의 씨름은 혈과 육을 상대하는 것이 아니요 통치자들과 권세들과 이 어둠의 세상 주관자들과 하늘에 있는 악의 영들을 상대함이라"(엡 6:12). 그는 사탄이라고 불리는 초자연적인 존재의 공격에 맞서 승리하라고 요구했다.

"사탄은 우리의 신앙생활을 가로막는 가장 강력한 방해 요인 가운데 하나다."

신약성경은 사탄이 "자기를 광명의 천사로 가장한다"라고 말씀한다(고후 11:14). 철학적으로 말하면, 사탄은 '선의 보호자'(subspecies bonum)인 척 가장한다. 그는 사실 어둠의 제왕이지만 변신의 능력, 곧 자신의 신분을 감추고 다니는 능력이 탁월하다. 그는 파우스트 박사에게 나타나 "나는 사탄이다. 나는 나쁜 놈이다. 네 영혼을 가져가게 하라."라는 식으로 자기를 노출하지 않는다.

사탄은 그보다는 훨씬 더 교활하다. 그는 선을 가장한 채로 우리에게 다가온다. 그는 사역자, 곧 종교적인 지도자의 모습으로 나타난다. 겉으로 보면 온통 선하게만 보인다. 그것이 그가 일하는 방식이다. 이것이 성경이 광명의 천사로 가장하고 나타나는 사탄을 조심하라고 경고하는 이유다. 지금까지 성경이 사탄을 비유하는 표현을 한 가지 살펴보았다.

또 하나의 비유는 동물의 세계에서 따온 것이다. 성경은 "너희 대적 마귀가 우는 사자 같이 두루 다니며 삼킬 자를 찾나니"(벧전 5:8)라고 말씀한다. 사자는 강력한 힘을 상징한다. 사자는 가장 강력한 힘을 지닌 동물의 왕이다. 사탄을 빗댄 비유적 표현들을 생각하면, "우리가 과연 그를 대적할 수 있을까? 그는 너무나도 강력해."라는 생각이 절로 든다. 그러나 신약성경은 "마귀를 대적하라 그리하면 너희를 피하리라"(약 4:7)라고 말씀한다.

요한 사도도 "너희 안에 계신 이가 세상에 있는 자보다 크심이라"(요일 4:4)라는 말씀으로 우리를 위로한다. 우리가 사탄을 이길 수 있는 이유는 하나님이 그보다 더 강하시고, 그분이 성령을 통해 우리 각 사람 안에 거하시기 때문이다. 사탄이 제아무리 강력하고, 교활하고, 음험하고, 교묘하다고 하더라도 한갓 피조물에 지나지 않는다. 그의 힘은 한계가 있다. 그는 힘이 있지만 전능하지는 않다. 오직 하나님만이 전능하시다. 사탄은 영리하지만 전지하지는 않다. 그는 명령만 하면 자신의 계획을 도와줄 귀신들을 많이 거느리고 있지만 스스로 모든 곳에 존재할 수 있는 능력은 없다.

그러나 사탄이 우리의 성장을 가로막는 두려운 장애 요인인 것은 틀림없는 사실이다. 그렇다면 그는 정확히 무슨 일을 할까? 그는 어떻게 우리를 대적할까? 우리 모두에게 익숙한 사탄의 한 가지 사역은 유혹이다. 성경은 광야에서 예수님을 유혹했던 사탄을 '시험하는 자'로 일컬었다(마 4:1-11). 그는 에덴동산에서도 아담과 하와를 유혹했다(창 3:1; 계 12:9, 20:2). 그는 유혹을 통해 인류를 끊임없이 그릇된 길로 끌어들였다.

그러나 그것이 그리스도인의 삶과 관련된 그의 유일한 사역인 것은 아니다. 심지어 그것은 그의 가장 중요한 사역도 아니다. 우리의 온전한 영적 성장을 방해하기 위한 사탄의 가장 중요한 활동은 우리를 비난하는 것이다. 사탄은 '참소하던 자'로 불린다. 그는 '우리 형제들을 참소하는 자'이다(계 12:10). 이런 사탄의 활동을 언급한 성경 본문 가운데 하나가 구약성경 스가랴서에서 발견된다. 그 말씀을 잠시 인용하면 다음과 같다.

"대제사장 여호수아는 여호와의 천사 앞에 섰고 사탄은 그의 오른쪽에 서서 그를 대적하는 것을 여호와께서 내게 보이시니라 여호와께서 사탄에게 이르시되 사탄아 여호와께서 너를 책망하노라 예루살렘을 택한 여호와께서 너를 책망하노라 이는 불에서 꺼낸 그슬린 나무가 아니냐 하실 때에 여호수아가 더러운 옷을 입고 천사 앞에 서 있는지라"(슥 3:1-3).

대체 무슨 일이 일어난 것일까? 무슨 일인지 알겠는가? 구약 시대의 대제사장은 사역을 시작하기 전에 정교한 의식을 거쳐야 했다. 그는 지성소에 들어가기 전에 정화 의식을 치러야 했다. 그가 하나님 앞에서 사역하려고 할 때 사탄이 나타났다. 사탄은 대제사장 여호수아를 비난했다. 사탄은 마치 "하나님, 어떻게 이 사람이 하나님 앞에 나오는 것을 용납하십니까? 그의 옷이 더러운 것이 보이지 않으십니까? 그는 너무나도 더럽습니다. 그는 너무 불결해서 하나님과 교제를 나눌 수 없습니다."라고 말하는 것처럼 보인다. 이 점에 대해 궁금하게 생각해 본 적이 있는가?

하나님과 화평을 누리고, 그분 앞에 나갈 수 있는 것이 칭의의 첫 열매 가운데 하나라는 것은 주목할 만한 사실이다(롬 5:1-5). 우리가 하나님 앞에 나가 그분과 교제를 나누기를 원하는 순간, 사탄이 와서 "네 죄를 돌아봐라. 네가 어떻게 하나님과 교제를 나눌 수 있단 말이냐? 너는 여전히 죄인이다. 너는 여전히 더럽다. 네 옷은 불결하다. 너는 하나님 앞에 나갈 수 없다."라고 말한다. 그런 비난을 들으면 어떻게 되겠는가? 참으로 무참하고, 무력해질 수밖에 없다.

그리스도인인 우리도 죄를 짓는다. 우리가 죄를 지을 때 두 인격체가 그 죄를 지적한다. 하나는 성령이시고, 다른 하나는 사탄이다. 성령의 사역은 죄를 깨닫게 하는 것이다. 성령께서는 우리의 죄를 지적하며, 그것을 우리에게 드러내고, 후회하는 마음을 갖게 하신다. 그리고 사탄도 똑같이 그 죄를 지적한다.

그 차이는 무엇일까? 사탄은 우리를 비난하기 위해 없는 죄를 꾸며낼 필요가 없다. 우리에게는 이미 많은 죄가 있고, 사탄은 단지 그 죄를 지적할 뿐이다.

여호수아의 옷은 더러웠다. 사탄은 그 명백한 죄를 비난했을 뿐이다. 매우 드물게도 그는 그 순간만큼은 거짓말을 하지 않았다. 사탄은 "이 사람의 옷은 더럽습니다."라고 말했다. 여호수아는 실제로 더러운 옷을 입고 있었다. 그렇다면 그 차이는 무엇일까? 사탄과 그의 비난은 우리를 파괴하고, 무력화하고, 상처를 입혀 그리스도와 자유롭게 교제를 나누지 못하게끔 만드는 데 그 목적이 있다.

그러나 성령께서 우리의 죄를 책망하실 때는 그것이 아무리 고통스러울지라도 거기에는 은혜가 담겨 있다. 성령께서는 우리를 절망에 빠뜨리기 위해서가 아니라 항상 성부 하나님의 은혜로 우리를 치유하고, 용서하기 위해 우리를 책망하신다. 성령께서는 우리를 무력화하기 위해서가 아니라 자유롭게 하기 위해 찾아오신다. 우리는 성령의 책망과 사탄의 비난이 어떤 차이가 있는지를 분명하게 알아야 한다.

하나님은 우리가 죄인이라는 것을 아시지만, "사탄아, 물론 그의 옷은 더럽다. 그러나 내가 너를 책망하노라. 나는 그의 옷이 깨끗하지 않다는 것을 알지만 그를 불 가운데서 건져냈느니라."라고 말씀하신다(슥 3:2 참조). 하나님은 그렇게 말씀하고 나서 어떻게 하셨을까? 스가랴서 3장 4, 5절은 이렇게 말씀한다.

"여호수아가 더러운 옷을 입고 천사 앞에 서 있는지라 여호와께서 자기 앞에 선 자들에게 명령하사 그 더러운 옷을 벗기라 하시고 또 여호수아에게 이르시되 내가 네 죄악을 제거하여 버렸으니 네게 아름다운 옷을 입히리라 하시기로 내가 말하되 정결한 관을 그의 머리에 씌우소서 하매 곧 정결한 관을 그 머리에 씌우며 옷을 입히고 여호와의 천사는 곁에 섰더라."

위의 말씀은 구원의 복음을 아름답게 묘사하고 있다. 최초의 구원은 하나님이 친히 에덴동산에서 벌거벗은 채로 당혹감과 수치심에 사로잡혀 있던 아담과 하와에게 옷을 지어 입히신 것이었다(창 3:21). 하나님은 그들의 벌거벗음을 가려주셨다. 하나님은 더러운 옷을 입고 있던 대제사장 여호수아에게는 깨끗한 왕의 의복을 입히셨다. 이것은 성경이 그리스도의 사역을 묘사할 때 종종 사용하는 비유적 표현이다.

이사야서 64장 6절은 하나님이 보시기에 "우리는 다 부정한 자 같아서 우리의 의는 다 더러운 옷 같으며"라고 말씀한다. 그러나 우리는 그리스도의 의로 옷 입었다. 따라서 사탄이 "네 옷은 더럽다."라고 말하면 우리는 "그리스도의 옷을 보라. 그분은 나의 의이시다. 그분이 나를 가려주신다."라고 말할 수 있다.

이제 우리가 무엇에 맞서 싸워야 하는지를 알게 되었다. 요람에서 무덤까지 우리를 대적하는 세상, 성령으로 거듭난 새 사람의 가장 작은 승리조차도 용납하지 않으려는 육신, 지성을 갖춘 인격체인 마귀(우리보다 훨씬 더 강하고, 영리한 타락한 피조물)가 우리가 맞서 싸워야 할 적들이다.

우리 자신의 힘으로는 이 싸움에서 승리할 수 없다. 그러나 참으로 기쁘게도 성삼위 하나님과 그분의 교회가, 우리가 승리하도록 도와준다.

그리스도를 믿는 믿음을 고백하는 순간에 그분의 의를 본받는 일이 즉시 시작되지 않는다면, 그것은 참된 구원 신앙을 지니지 못했다는 증거다. 왜냐하면 구원 신앙은 반드시 열매를 맺기 때문이다. 열매가 온전히 다 익은 상태는 아니지만 처음부터 즉각 형성되기 시작한다. 성화는 칭의가 있고 나서 5년 뒤에 시작하지 않는다. 그것은 예수 그리스도를 믿는 순간에 곧바로 시작된다.

3장.

하나님의 의를 추구하라

옳은 일을 행해야 할 의무

우리는 편리하거나 즐겁거나 유익한지를 따져 결정을 내리는 경향이 있다. 그러나 우리는 그리스도인으로서 옳은 일을 해야 할 의무가 있다. 잘 알다시피, 옳은 일을 행하는 것이 항상 편리하거나 즐겁거나 유익한 것은 아니다. 오히려 큰 희생이 뒤따를 때가 많다.

권위자들이 확실한 지침을 제시하지 않는 탓에 실망을 느껴 본 적이 있는가? 부모나 교사나 지도자나 직장 상사와 같은 권위자들이 스스로가 기대하는 것을 정확하게 일러주지 않을 때가 왕왕 있다. 그것은 세상에서 가장 실망스러운 경험 가운데 하나다.

믿음의 여정을 처음 시작할 때 궁극적인 관심을 기울여야 할 문제가 있다면, 바로 "하나님이 내게 기대하시는 것이 무엇인가?"라는 것이다. 처음에 우리는 십자가 앞에 나온다. 그리고 죄 사함을 받고 난 후에는 "제가 여기 있습니다. 저를 보내소서. 주님, 제가 무엇을 하기를 원하십니까?"라고 말한다(사 6:8 참조). 하나님이 우리에게 기대하시는 것이 무엇인지를 확실하게 알지 못하면 혼란스럽고, 실망스럽고, 낙심될 뿐 아니라 무력감을 느끼게 될 때가 많다. 따라서 이번 장에서는 "하나님은 우리가 무엇을 하기를 원하시는가? 하나님이 자기 자녀들에게 기대하시는 것이 무엇인가?"라는 문제를 잠시 생각해 보고 싶다.

지금까지 창조의 일반적인 목적을 살펴보았다. 인간은 하나님의 거룩하심을 나타내기 위해 그분의 형상으로 창조되었다. 앞서 말한 대로, 『웨스트민스터 소요리문답』은 "인간의 가장 중요한 목적은 무엇인가?"라고 묻고, "하나님을 영화롭게 하는 것"이라고 대답했다.

그렇다면 하나님을 영화롭게 한다는 것은 실제적이고, 구체적이고, 실천적인 차원에서 어떤 의미를 지닐까? 하나님의 거룩하심을 나타낸다는 것은 과연 무슨 의미일까?

마르틴 루터는 이 질문에 대해 가장 구체적인 대답 가운데 하나를 제시했다. 그는 모든 그리스도인은 이웃에게 그리스도가 되어야 한다고 말했다. 이 대답은 매우 구체적이기 때문에 큰 도움이 되지만, 자칫 잘못 이해하면 큰 걸림돌이 될 수도 있다. 우리 자신을 실제로 그리스도라고 생각하는 것은 과대망상에 해당한다. 우리는 이웃을 구원할 수 없다. 루터의 말은 그런 의미가 아니다. 이웃에게 그리스도가 된다는 것은 하나님의 뜻에 복종하는 삶을 삶으로써, 사람들이 우리를 통해 반영되는 그리스도의 거룩하심을 볼 수 있게 해야 한다는 의미를 지닌다.

믿기 힘들지 모르지만 요즘 사람들도 여전히 이상적인 것과 절대적인 기준을 갈망한다. 우리가 그리스도를 고백하면 불신자들은 기대감을 품고 우리를 바라본다. 우리가 그런 기대를 충족시켜주지 못하면 그들은 실망하게 되고, 그 실망은 더 나아가 분노로 바뀌게 된다. 바울은 "하나님의 이름이 너희 때문에 이방인 중에서 모독을 받는도다"(롬 2:24)라는 말로 이 점에 대해 경고했다. 우리는 정의를 추구하고, 긍휼을 베풀고, 서로를 사랑해야 할 책임이 있다. 그리스도를 믿는다고 하면서 그분의 성품을 옳게 본받지 못하면 세상 사람들은 "그리스도인들이 그리스도인답게 살지 않으면 인류에게 희망은 없다."라고 말할 것이 분명하다.

그러나 범사에 하나님의 영광을 추구하면 믿지 않는 세상 사람들이 우리를 눈여겨볼 수밖에 없다. 하나님의 영광이란 무슨 의미일까? '영광'이 하나님과 관련되어 사용될 때는 그분의 내적 본성과 관련이 있다. 하나님의 내적 본성은 항상 우리에게 감추어져 있다.

하나님의 내적 본성이 보고, 느낄 수 있는 구체적인 것들을 통해 밖으로 드러날 때에만 비로소 그분의 엄위로우심과 위대하심과 장엄하심을 어느 정도 이해할 수 있다. 하나님의 신현(神顯), 곧 외적 표징을 통해 자신을 드러내신 특별한 사건들이 성경에서 종종 발견된다. 모세는 불타는 가시떨기를 보았고, 이스라엘 백성은 구름 기둥과 불 기둥을 보았으며, 목자들은 그리스도께서 탄생하셨을 때 천사들과 자기들의 주위를 비추는 하나님의 영광을 보았다. 그것은 '쉐키나'의 영광(하나님의 영광이 외적으로 드러나 보이는 것)이다. 그러나 '영광'은 우선적으로 하나님의 본성과 관련된다.

하나님의 영광은 하나님의 행위가 아닌 본성을 가리킨다. 하나님의 거룩하심도 마찬가지다. 하나님의 거룩하심은 하나님의 활동이 아닌 그분의 존재를 우선적으로 가리킨다. 성경이 하나님의 행위나 그분이 자신의 영광을 드러내신 것에 관해 말씀할 때 사용하는 용어는 하나님의 '의'다. 이 점은 우리도 똑같다. 세상을 향해 그리스도를 나타내려면, 그 전에 먼저 그분 안에서 거룩해져야 한다. 하나님의 형상으로 창조된 피조물로서 하나님을 영화롭게 하는 의무를 이행할 수 있는 가장 우선적인 방법은 의를 실천하는 것이다.

하나님의 의를 추구하라

교회를 보면서 내가 느끼는 가장 큰 우려 가운데 하나는 의에 관해 말할 때가 드물다는 것이다. 심지어는 은혜의 수단을 의지하고, 하나님께 진지하게 복종하고, 성령의 임재를 경험하는 교회 안에서도 의에 관한 말을 듣기가 매우 어렵다. 의에 관한 설교를 마지막으로 들은 때가 언제인지, 교회가 의에 관해 마지막으로 말했던 때가 언제인지 생각해 보라, 심지어 우리는 그 말 자체를 싫어한다.

요즘에 복음주의 진영에서는 '영성', '경건', '도덕성'과 같은 용어들이 주로 사용된다. 물론, 우리는 불경건하거나 부도덕하거나 물질적이어서는 안 된다. 성경은 영적인 삶을 강조한다. 그러나 충격적으로 들릴지 모르지만, 신앙생활의 목적은 영성이나 경건이나 도덕성이 아닌 의를 추구하는 데 있다.

우리가 영적 노력, 영적 능력, 영적 은사, 영적 훈련을 추구하는 목적은 영적인 삶을 살기 위해서가 아니라 의로운 삶을 살기 위해서다. 영성은 의라는 목적을 이루기 위한 수단이다. 하나님의 영광을 생각하지 않아도 얼마든지 도덕적으로 살 수 있고, 겉으로 종교적인 관습만 잘 지켜도 얼마든지 경건하게 살 수 있다. 그러나 의를 실천하지 않고서 매일 성경을 열다섯 장씩 읽고, 기도를 드리고, 매주 교회에 나가 십일조를 바친들 무슨 유익이 있겠는가?

우리의 공로를 의지해 천국에 가려고 해서는 안 된다. 오직 그리스도의 의를 통해서만 하나님 앞에 설 수 있다. 하나님이 우리의 죄악을 징벌하시면 우리는 즉시 멸망할 수밖에 없다(시 130:3). 우리에게 의를 등한시하는 경향이 있는 이유는 우리의 의가 그리스도 안에 있다고 믿기 때문이다. 우리의 칭의는 오직 그리스도의 공로를 통해 이루어지기 때문에 우리는 의를 강조할 필요가 없다고 생각한다.

그러나 자신의 의로 우리를 속량하신 의로운 구원자께서는 우리에게 의를 행하라고 요구하신다. 우리는 믿음으로 의롭다 하심을 받지만 믿은 후에 남는 것이 단지 믿음뿐이라면 뭔가가 크게 잘못되었다. 루터가 일컬은 대로, '살아 있는 믿음'(fides viva), 곧 생명력이 넘치는 변하지 않는 참 믿음은 의의 열매를 맺기 마련이다. 물론, 그런 의로운 행위가 우리를 구원하거나 속량하는 것은 아니다. 그것들은 구원의 공로가 될 수 없다. 그것은 그리스도께 대한 복종의 결과일 뿐이다. 예수님은 "너희가 나를 사랑하면 내 계명을 지키리라"(요 14:15)라고 말씀하셨다. 이것이 의롭게 산다는 것의 의미다.

예수님의 말씀은 나를 놀라게 한다. 그분은 산상설교에서 "너희 의가 서기관과 바리새인보다 더 낫지 못하면 결코 천국에 들어가지 못하리라"(마 5:20)라고 말씀하셨다. 이 말씀을 읽고서도 아무것도 느끼지 못하는 그리스도인들이 그토록 많은 이유가 무엇인지 이해하기가 매우 어렵다. 예수님은 진정으로 의로운 삶을 요구하신다. 다시 말하지만, 우리의 의로운 행위는 칭의의 공로가 아니다. 그것은 칭의의 확실한 증거요 열매다. 주의를 한 번 둘러보고 의를 추구하는 것을 가장 중요하게 생각하는 그리스도인들이 얼마나 많은지 살펴보라.

산상설교의 요점은 천국(하나님의 나라)이다. 예수님은 우리의 의가 당시의 종교 지도자들보다 더 낫지 않으면 천국에 들어갈 수 없다고 말씀하셨다. 참 신자의 목표는 천국에 가는 것이다. 우리의 소원은 하나님의 통치 아래에서 구원의 완성을 이루는 것이다. 그러려면 천국에 들어가기 위해 충족시켜야 할 조건이 무엇인지 알아야 한다.

앞서 말한 대로, 예수님은 요한복음 3장에서 니고데모에게 "사람이 물과 성령으로 나지 아니하면 하나님의 나라에 들어갈 수 없느니라"(5절)라고 말씀하셨다. 아울러 예수님은 마태복음 5장 20절에서는 "너희 의가 서기관과 바리새인보다 더 낫지 못하면 결코 천국에 들어가지 못하리라"라고 말씀하셨다.

그렇다면 서기관과 바리새인은 얼마나 의로웠을까? 예수님은 바리새인들을 종종 엄히 책망하셨기 때문에 그들이 신약성경에서 가장 악한 죄인들일 것이라고 생각하기 쉽다. 만일 실제로 그렇다면 그들보다 더 의롭게 사는 것이 별로 어렵지 않아 보인다.

그러나 예수님은 바리새인들을 크게 칭찬하기도 하셨다. 그들은 전심으로 의를 추구하는 일에 삶을 온전히 헌신했다. 의를 추구하는 것이 그들의 유일한 목표였다. 다른 사람들이 돈벌이와 명예와 재물을 추구하는 일에 힘쓸 때, 바리새인들은 복종과 경건과 의를 추구하는 데 온 힘을 쏟아부었다. 그들이 자신들을 바리새인으로 일컬은 이유는 스스로 구별된 자(분리된 자)를 자처했기 때문이다. 그러나 그들은 마음과 영혼은 소홀히 하고 겉으로 보이는 의에만 관심을 기울였다.

성경 본문 몇 곳을 중심으로 바리새인들이 행한 칭찬받을 만한 일을 몇 가지 생각해 보자. 첫 번째는 마태복음 23장 23절이다. "화 있을진저 외식하는 서기관들과 바리새인들이여 너희가 박하와 회향과 근채의 십일조는 드리되 율법의 더 중한 바 정의와 긍휼과 믿음은 버렸도다 그러나 이것도 행하고 저것도 버리지 말아야 할지니라." 이스라엘 백성들 사이에서 십일조에 관한 율법을 어기는 일이 비일비재했다. 그러나 바리새인들은 십일조를 꼼꼼히 챙겼다. 예수님이 말씀하신 대로, 그들은 율법이 요구하는 것보다 더 드렸다. 내가 살펴본 연구 조사에 따르면, 오늘날의 복음주의 교회 신자들 가운데 십일조를 드리는 사람들이 4퍼센트에 불과하다고 한다. 복음주의 신자를 자처하는 나머지 96퍼센트는 하나님의 것을 도둑질하는 셈이다.

예수님은 십일조를 율법의 명령으로 인정했지만, 그것이 율법의 가장 중요한 명령은 아니라고 생각하셨다. 그분은 바리새인들이 박하와 근채의 십일조를 드릴 정도로 꼼꼼하게 십일조를 챙겼지만 율법의 더 중요한 명령을 소홀히 했다고 말씀하셨다. 예수님에게는 정의와 긍휼이 십일조보다 더 중요했다. 그러나 그렇다고 해서 장차 심판의 날에 하나님 앞에 서서 "하나님, 십일조와 헌금을 바치지 않고 주님의 것을 도둑질했습니다. 주님께 소득의 10퍼센트를 드리지 못했습니다. 그 이유는 제가 더 중요한 것에 관심을 기울였기 때문입니다. 의로운 일을 하고, 긍휼과 사랑을 베푸느라고 그 특별한 의무를 등한시하게 되었습니다."라고 말할 수는 없다.

율법에 더 중요한 것과 덜 중요한 것이 있다는 예수님의 말씀은 덜 중요한 것을 무시해도 좋다는 의미가 아니다. 악하다고 책망받은 바리새인들도 최소한 십일조는 드렸다. 그들은 거듭났다고 주장하는 96퍼센트의 신자들이 하지 않는 일을 했다. 최소한 이 점에서는 바리새인들의 의가 우리 가운데 96퍼센트를 차지하는 사람들보다 더 낫다. 그렇지 않은가?

두 번째 말씀은 요한복음 5장 39절이다. "너희가 성경에서 영생을 얻는 줄 생각하고 성경을 연구하거니와." 바리새인들은 하나님의 말씀을 올바로 연구하지 못했던 것이 분명하다. 그들은 복음의 핵심을 이해하지 못했다. 그들은 자기들이 부지런히 찾으려고 노력했던 성경의 메시지를 간과했다. 그러나 그들은 최소한 성경을 알고자 힘썼다. 그들은 부지런히 하나님의 말씀을 연구했다. 그들이 그릇된 동기로 성경을 연구했다고 말할 수도 있고, 또 그 말이 옳을 수도 있을 테지만 성경을 아예 연구하지 않는 것은 도대체 무슨 동기로 그렇게 하는 것인지 묻고 싶다. 그들은 그릇된 동기로 올바른 일을 했고, 우리는 그릇된 동기로 그릇된 일을 하고 있다. 이 점에서도 그들이 우리 가운데 많은 사람보다 더 의롭게 보인다.

마지막으로 세 번째 말씀은 누가복음 5장 33절이다. 바리새인들이 금식과 기도를 얼마나 열심히 했는지 잠시 생각해 보자. 사람들은 "요한의 제자는 자주 금식하며 기도하고 바리새인의 제자들도 또한 그러하되 당신의 제자들은 먹고 마시나이다"라고 예수님을 비난했다. 바리새인들의 자기 의와 과시하기 좋아하는 태도는 경계해야 마땅하다. 그러나 그들은 최소한 기도하고, 금식했다. 그들이 우리보다 그런 영적 훈련에 더 많은 노력을 기울인 것이 사실이지 않은가?

무슨 말인지 이해하겠는가?

의를 추구하기 위한 바리새인들의 이런 엄격한 훈련은 우리에게서는 찾아보기가 어렵다. 우리의 의가 바리새인보다 더 나아야 한다는 예수님의 말씀은 율법의 명령은 잊고, 그 정신만 지키라는 의미가 아니다. 참된 의는 그 두 가지를 모두 실천해야 한다. 참된 의는 옳은 일을 한다. 성경을 배우고, 십일조를 바치고, 금식하고, 기도하는 것은 옳다. 그러나 마음이 올바르지 않으면 외적 행위가 진정으로 의롭다고 말할 수 없다. 하나님은 외적인 것과 내적인 것에 모두 관심을 기울이신다. 예수님은 참된 의의 참된 열매를 요구하신다.

좋은 소식을 한 가지 말하면 다음과 같다. 하나님의 나라에 들어가는 데 필요한 절대적인 전제 조건은 믿음으로 전가된 그리스도의 의를 지니는 것이다. 이신칭의의 교리는 오직 그리스도를 통해 의롭다 하심을 받는다는 것을 의미한다. 그분은 우리의 의이시다. 하나님은 심판대 앞에서 그리스도를 진정으로 믿는 모든 사람에게 그리스도의 의를 전가하신다. 하나님이 예수님의 의를 우리의 의로 여기신다면 서기관과 바리새인들이 항상 꿈꿨던 의보다 월등히 더 나은 의를 지니게 되는 셈이다.

예수님은 믿음을 통해 자신의 의가 우리에게 전가된다는 복음을 우리가 이해하기를 원하신다. 그분은 친히 하나님의 나라에 들어가는 데 필요한 조건을 충족하셨다. 예수님은 마태복음 5장에서 "내가 율법이나 선지자를 폐하러 온 줄로 생각하지 말라 폐하러 온 것이 아니요 완전하게 하려 함이라"(17절)라고 말씀하셨다. 예수님의 말씀에는 "나는 너희를 위해 율법을 이루려고 왔다. 너희 대신 내가 율법을 짊어지고, 그 일점일획까지 모두 지켰다. 성부께서 이스라엘 백성에게 명령하신 것을 내가 모두 다 이행했다. 나 자신이 하나님의 나라에 들어가기 위해서나 나의 유익이나 구원을 위해서가 아니라 너희를 위해 그렇게 한 것이다. 이것이 너희가 내 아버지의 나라에 들어가는 데 필요한 의다."라는 의미가 담겨 있다.

"의의 추구는 그리스도인의 주된 임무다."

나는 의로운 사람이 되고 싶다. 나는 옳은 일을 하고 싶다. 의의 기준은 하나님의 성품이다. 나는 하나님의 성품을 본받아야 한다. 하나님의 성품은 그분의 계명을 통해 표현된다. 의를 추구한다는 것은 하나님의 계명에 복종하는 것, 곧 그분의 명령을 이행하는 것을 의미한다. 그리스도께서 가장 중요하게 생각하신 것을 사람의 전통으로 대체하는 순간, 우리는 바리새인처럼 된다. 새로운 눈을 가지고 성경을 읽고, 새로운 귀를 가지고 말씀을 듣는 것이 필요하다. 그리스도의 가치관을 세속 문화를 통해 은근히 침투해 들어 온 가치관으로 대체해서는 안 된다.

세상의 가치관은 그리스도께서 진정으로 관심을 기울이는 것을 추구하지 못하게 방해한다. 그렇다면 그리스도께서는 무엇을 가장 중요하게 여기셨을까?

예수님은 "너희는 먼저 그의 나라와 그의 의를 구하라"(마 6:33)라는 말씀으로 가장 중요한 것을 간략하게 요약하셨다. 그 외의 것들은 덧붙여진 것으로 가장 중요한 것을 더욱 확실하게 부각하는 역할을 한다. '먼저'로 번역된 헬라어 '프로토스'는 시간적인 순서가 아닌 '우선적인 것 중에서 첫 번째'라는 의미를 지닌다. 하나님의 나라와 그분의 의를 구하는 일이 다른 모든 것에 우선한다. 이것이 우리의 소명이고, 하나님의 뜻이다.

사람들이 "나의 삶을 위한 하나님의 뜻은 무엇인가요?"라고 물을 때면, 나는 "하나님이 형제가 의사나 변호사나 군대 사령관이 되기를 원하시는지는 잘 모르겠지만 한 가지는 분명하게 말할 수 있습니다. 성경은 '하나님의 뜻은 이것이니 너희의 거룩함이라'(살전 4:3)라고 말씀합니다."라고 대답한다.

성경은 우리가 예수 그리스도를 믿는 참 믿음으로 의롭다 하심을 받는다고 가르친다. 그러나 우리는 칭의 이후부터 성화가 시작된다는 것을 기억해야 한다.

> "성화란 거룩하게 변해가는 평생의 과정이다. 우리는 의의 성장을 이루어야 한다. 우리는 날마다 더욱 의로워져야 한다."

마르틴 루터는 회심은 사람을 즉시 의롭게 만들지 않는다고 말했다. 하나님은 우리가 믿는 순간에 우리에게 그리스도의 의를 전가하고, 그때부터 우리 안에서 의를 형성하기 시작하신다. 성화는 치유의 효과를 발휘하는 약과 같다. 그것은 사람을 온전히 건강한 상태로 회복시킨다. 그러기까지는 시간이 걸린다. 우리는 성령으로 거듭나는 순간에 온전히 치유되지 않는다. 그러나 우리 안에는 온전한 치유의 효과를 발휘하게 될 약이 간직되어 있다.

그리스도를 믿는 믿음을 고백하는 순간 그분의 의를 본받는 일이 즉시 시작되지 않는다면, 그것은 참된 구원 신앙을 지니지 못했다는 증거다. 구원 신앙은 반드시 열매를 맺기 때문이다. 열매가 온전히 다 익은 상태는 아니지만 처음부터 즉각 형성되기 시작한다. 성화는 칭의가 있고 나서 5년 뒤에 시작하지 않는다. 그것은 예수 그리스도를 믿는 순간에 곧바로 시작된다.

진정으로 회심했다면 회심하는 순간, 우리는 이미 변화된 사람이다. 우리는 온전한 사람은 아니지만 변화된 사람이 되어

의의 열매를 맺기 시작한다. 우리가 실천하기 시작한 의는 칭의의 근거가 아니다. 그 의는 구원의 공로가 될 수 없다. 오직 그리스도의 의만이 구원의 공로가 된다. 오직 그분의 의만이 우리를 하나님의 나라에 들어가게 해준다. 그러나 우리가 참 믿음을 소유했다면 참된 의가 나타나 발전하기 시작할 것이다.

자신이 천국에 갈 만큼 충분히 의로운지 궁금하게 생각해 본 적이 있는가? 만일 우리가 행하는 의만을 생각한다면 더 이상 그것을 궁금하게 여길 필요가 없다. 왜냐하면 우리가 율법의 명령을 온전히 만족시킬 만큼 의로운 삶을 살 가능성이 없기 때문이다. 하나님은 의롭고, 거룩하시다. 그분은 마지막 심판의 날에 우리 모두에게 삶에 대한 책임을 물으실 것이다.

우리가 하나님 앞에 서게 될 때는 우리 자신의 행위를 믿고, 더러운 몰골로 벌거벗은 채 서든지. 아니면 그리스도를 진정으로 믿는 모든 사람에게 주어지는 그분의 의를 덧입고 서든지 둘 중 하나다. 우리가 저지를 수 있는 가장 큰 어리석음은 우리 자신의 행위와 공로와 의에 근거해 거룩하신 하나님 앞에 설 수 있다고 생각하는 것이다. 율법의 요구를 충족시킬 만큼 충분히 거룩한 의는 오직 그리스도의 의밖에 없다. 그 의를 소유할 수 있는 수단은 진정한 믿음뿐이다.

구원의 확신은 불필요한 선택 사안이 아니다. 구원의 확신을 추구하는 것은 신자의 의무다. 그것은 수십 년 동안 신앙생활을 하고 난 뒤에야 비로소 감당할 수 있는 의무가 아니다. 그것은 신앙생활을 처음 시작하는 순간부터 감당해야 하는 의무다. 따라서 밤에 베개를 베고 누울 때마다 우리가 은혜의 상태에 있다는 사실을 기억해야 한다.

4장.

구원의 확신을 견고하게 가지라

구원의 전 과정을 이해하라

마음속에 견고하게 자리 잡은 구원의 확신은 영적 성장을 촉진하는 가장 중요한 요인 가운데 하나다. 하나님 앞에 설 수 있을지를 확신하지 못하는 상태에서 신앙생활을 하는 것은 크게 불리할 수밖에 없다. 그런 불확실한 상태는 우리를 사탄과 세상과 육신의 공격에 매우 취약하게 만든다. 우리는 우리가 그리스도께 속해 있다는 사실을 확실하게 기억해야 할 필요가 있다. 우리는 값없는 용서의 은혜를 믿음으로 받았기 때문에 두려운 마음으로 거룩함을 추구할 필요가 없다.

거룩함의 추구는 값없이 죄 사함을 받은 사람들에게서 자연스레 나타나는 사랑과 복종의 반응이어야 한다. 하나님의 풍성한 은혜를 깊이 이해하고, 우리의 마음에 사랑과 기쁨과 감사가 넘치면 우리에게서 어떤 반응이 나타날까? 분명히 "주님, 제가 무엇을 하기를 원하십니까? 주님을 어떻게 기쁘시게 해드려야 하나요? 사랑하는 독생자 안에서 저를 받아주신 그 놀라운 은혜에 어떻게 감사해야 할까요?"라고 말하게 될 것이 틀림없다. 이것이 거룩함을 추구하기 위한 올바른 동기다.

신학에서 구원의 문제를 다룰 때는 먼저 넓은 관점에서 그 문제를 살펴보고 나서 그 구체적인 구성 요소를 하나씩 다루는 것이 일반적인 방법이다. 조직 신학에서는 구원의 문제를 그런 식으로 다루는 것을 '구원의 서정'(ordo salutis)으로 일컫는다. 이것은 쉽게 말하면 구원의 순서를 뜻한다. 구원은 연속해서 일어나는 여러 가지 구성 요소로 이루어져 있다. 하나님이 우리에게 성령의 생명을 불어넣어 우리를 거듭나게 하시는 순간에 신앙생활이 시작된다. 중생으로부터 믿음과 회개가 비롯한다. 그리스도를 믿고, 죄를 회개하자마자 곧바로 칭의가 이루어진다.

"우리가 그리스도를 진정으로 믿는 순간에 칭의가 이루어져 신

앙생활이 시작된다. 그 순간에 하나님은 그리스도의 의를 우리에게 전가하고, 우리를 의롭다고 선언하신다."

마르틴 루터는 이 개념을 '시물 유스투스 에트 페카토르'(simul justus et peccator)라는 네 개의 라틴어로 표현했다. 이 말은 우리가 '의인인 동시에 죄인'이라는 뜻이다. 그런 일이 어떻게 가능할까? 언뜻 생각하면 모순처럼 들린다. 그러나 우리는 우리에게 주어진 그리스도의 의를 통해 의인이 된다. 하나님은 우리에게 예수님의 의를 전가하신다. 이것이 칭의의 근거다. 그러나 우리 자신은 여전히 죄인으로 남아 있다. 이것이 개신교 칭의 교리의 핵심이다. 하나님은 우리가 구원받을 자격을 갖출 때까지 기다리지 않으신다. 하나님은 우리가 거룩해질 때까지 기다렸다가 우리를 의롭게 여기지 않으신다. "우리가 아직 죄인 되었을 때에 그리스도께서 우리를 위해 죽으셨다"(롬 5:8).

칭의에서부터 신앙생활이 시작된다. 구원의 나머지 과정은 성화로 일컬어진다. 16세기에 로마 가톨릭교회와 개신교 교회 사이에서 큰 논쟁이 벌어진 이유는 로마 가톨릭교회가 칭의를 성화 뒤에 위치시켰기 때문이다. 그들은 의롭게 되려면 먼저 거룩해져야 한다고 가르쳤다. 성례로서 거행되는 세례는 칭의의 효과를 낳지만 그것은 일시적일 뿐이다. 의롭게 살려고 꾸준히 노력해야만 그 효력이 지속된다. 중대한 죄를 저지르면 사면을 받아야 한다. 다시 의롭게 되려면 고해 성사를 받아야 한다. 그러다가 또다시 중대한 죄를 저지르면 의를 상실하게 된다.

게다가 로마 가톨릭교회는 이 세상에서는 구원의 확신을 가질 수 없다고 주장했다. 하나님이 직접 비상한 특별 계시를 통해 우리가 자신의 품속에 안전하게 거하고 있다고 말씀하지 않는 이상, 절대로 그런 확신을 가질 수 없다. 언제 중대한 죄를 짓고 죽어 구원을 잃게 될지 알 수 없다. 이처럼 로마 가톨릭교회는 먼저 거룩해지기 전에는 온전히, 궁극적으로 의롭게 될 수 없다고 가르쳤다.

그러나 개신교 교회의 교리는 그 순서를 바꿔 아브라함의 경우처럼 먼저 의롭게 된다고 가르쳤다. 아브라함은 믿는 순간에 의롭다 하심을 받았다. 바울은 로마서 4장에서 그 점을 자세하게 논했다. 칭의는 신앙 여정의 첫 시작이다. 성화는 우리의 구원을 이루고, 은혜 안에서 성장해 그리스도를 닮아가는 과정이다. 심지어 '구원'이라는 용어조차도 성경에서 다양한 의미로 사용되기 때문에 좀 혼란스럽다. 우리는 구원받았고, 구원받고 있으며, 구원받을 것이다.

"우리는 믿는 순간에 의롭다 하심을 받는다. 칭의는 구원의 전체적인 과정 가운데 한 단계에 불과하다."

우리는 지금 이 책에서 성화의 과정(영적 생활의 발전 과정)을 다루고 있다. 그런 관점에서 보면, 먼저 의롭게 되지 않으면 거룩하게 되기가 불가능하다. 그러나 이미 의롭게 되었는데도 그 사실을 모르고 있을 가능성이 있다. 성화를 이루어나가는 과정에서 신앙생활이 불안감에 무겁게 짓눌릴 수 있다. 첫 시작부터 힘든 싸움인 성화의 과정이 더욱더 힘겨워질 수 있다.

매 순간 우리의 노력이 충분하지 않다는 두려움을 느끼면서 믿음을 위해 싸우기는 어렵다. 그런 경우에는 내적 혼란에 휘말리기 쉽다. 그것은 영적 성장을 가로막는 가장 실망스러운 방해 요인 가운데 하나다. 이것이 내가 신앙생활의 첫 시작부터 우리가 은혜의 상태에 있는지 없는지를 분명하게 알고 있어야 한다고 강조하는 이유다.

참된 확신인가 거짓 확신인가?

구원의 확신에 관해 생각하다 보니 세상에는 네 부류의 사람들이 있는 듯하다. 첫 번째 부류는 은혜의 상태에 있지 않은 사람들이다. 그들은 구원받지 못했다. 그들은 하나님의 나라 밖에 있다. 그들을 '구원받지 못한 사람들'로 일컫기로 하자. 그들은 구원받지 못했고, 자기들도 그 사실을 알고 있다. 그들은 자기들이 하나님과 교제를 나눌 수 없는 상태라는 것을 알고 있다.

두 번째 부류는 은혜의 상태 안에 있고, 그 사실을 아는 사람들이다. 그들은 구원받았고, 자기들이 구원받았다는 것을 알고 있다. 그들은 자기들이 그리스도와 교제를 나누고 있는 상태라는 것을 분명하게 확신한다.

세 번째 부류는 내가 조금 전에 언급한 사람들, 곧 은혜의 상태 안에 있지만 그 사실을 확신하지 못하는 사람들이다. 그들은 구원받았지만 그 사실을 알지 못한다.

이 세 부류의 사람들은 구분하기가 매우 쉽다. 이들은 우리를 혼란스럽게 만들지 않는다. 그러나 네 번째 부류의 사람들은 모든 것을 혼란스럽게 한다. 이들은 구원받지 않았지만 자기들이 구원받았다고 생각한다. 이것이 구원의 확신에 어두운 그림자를 드리운다. 왜냐하면 "내가 구원받았다는 사실을 알고 있고, 내가 구원받았다고 자신하지만 그런 내가 구원받지 못했으면서 구원받았다고 확신하는 사람들 가운데 하나가 아니라고 어떻게 장담할 수 있을까?"라는 의문을 떠올리게 하기 때문이다. 혹시 그런 고민을 해본 적이 있는가?

예수님이 어려운 진리를 가르치시자, 제자들의 삶에 위기가 찾아왔다. 요한복음 6장 66절은 "그때부터 그의 제자 중에서 많은 사람이 떠나가고 다시 그와 함께 다니지 아니하더라"라고 말씀한다. 예수님과 가장 친밀했던 헌신적인 일부 제자들이 스승의 가르침에 분노해 발길을 돌려 떠나버렸다. 그러자 예수님은 참 제자들에게 "너희도 가려느냐"(요 6:67)라고 물으셨다. 베드로는 그 물음에 어떻게 반응했을까? 그는 "우리는 주님의 가르침을 좋아합니다. 그들은 신학을 잘 모릅니다. 그들은 구원받지 않은 것이 분명합니다."라고 말하지 않았다.

행간의 의미를 읽으면, 베드로도 다른 제자들처럼 예수님의 가르침을 좋아하지 않았던 것 같다. 그러나 그는 매우 현명한 태도를 취했다. 그는 "주여 영생의 말씀이 주께 있사오니 우리가 누구에게로 가오리이까"(요 6:68)라고 대답했다. 이것이 우리가 확신해야 할 요점이다. 이런 확신이 있어야만 우리의 신앙생활이 발전할 가능성이 있다. 우리는 그리스도 없이 아무것도 할 수 없다. 우리의 구원이 어디에서 비롯하는지를 분명하게 알아야 한다.

구원받지 못한 사람이 구원받았다고 확신하는 일이 어떻게 가능할까? 그들은 구원의 조건이나 자기 자신에 대한 평가를 잘못 이해하고 있는 것이 분명하다. 그릇된 안전 의식을 부추기는 오류는 대개 후자보다는 전자(즉 구원의 조건에 대한 그릇된 이해)에서 비롯할 때가 많다. 이것이 종교개혁이 그토록 큰 논란을 불러일으킨 이유다.

루터는 "나는 어떻게 구원받는가?"라는 것이 교회와 개인의 흥망을 좌우하는 문제라고 생각했다. 거룩해지려면 어떻게 하나님 앞에 설 수 있는지를 먼저 알아야 한다.

요즘에 가장 영향력 있는 교리는 믿음으로 말미암는 칭의나 행위로 말미암는 칭의나 믿음과 행위로 말미암은 칭의가 아니다. 요즘의 문화와 교회 안에서 가장 영향력 있는 교리는 죽음으로 말미암는 칭의다. 천국에 가기 위해 해야 할 일은 단 한 가지, 죽는 것뿐이다. 요즘 사람들은 모든 사람이 천국에 간다고 믿는다. 모두가 "하나님이 세상을 이처럼 사랑하사 독생자를 주셨으니 이는 그를 믿는 자마다 멸망하지 않고 영생을 얻게 하려 하심이라"(요 3:16)라는 말씀을 인용하기를 좋아한다.

그러나 그다음 구절인 요한복음 3장 17절은 뭐라고 말씀하는가? "하나님이 그 아들을 세상에 보내신 것은 세상을 심판하려 하심이 아니요 그로 말미암아 세상이 구원을 받게 하려 하심이라"라고 말씀한다. 여기까지도 여전히 좋은 소식이다. 그렇지 않은가? 그러면 요한복음 3장 18절은 어떨까? "그를 믿는 자는 심판을 받지 아니하는 것이요 믿지 아니하는 자는 하나님의 독생자의 이름을 믿지 아니하므로 벌써 심판을 받은 것이니라." 이 말씀대로 이미 심판을 받은 사람들이 있다. 따라서 모든 사람이 구원받는다는 생각은 가장 그릇된 생각이 아닐 수 없다.

천국에 갈 수 있을 만큼 충분히 의롭기 때문에 자기들이 구원받았다고 생각하는 사람들도 있다. 이들은 또다시 두 부류로 나뉜다. 첫 번째 부류는 자기들이 하나님의 율법을 온전히 지켰다고 생각하는 사람들이다. 교회 역사를 돌아보면, 오늘날에도 여전히 왕성한 생명력을 자랑하는 신앙 운동이 있었던 것을 알 수 있다. 그것은 '완전주의 운동(또는 성결 운동)'으로 불린다. 그런 사람들은 성령 세례를 통한 특별한 은혜의 사역으로 사람이 현세에서 완전해질 수 있다고 믿는다(여기에서 말하는 성령 세례는 오순절주의 교리와는 다르니 혼동 없기 바란다). 그렇다면 예수님은 이런 신앙 운동에 대해 어떻게 말씀하실까?

하나님의 율법에 대해 경솔하고, 오만한 태도를 보였던 젊은 부자 관원을 생각해 보라. 그는 예수님께 찾아와서 "선한 선생님이여 내가 무엇을 하여야 영생을 얻으리이까"(눅 18:18)라고 물었다. 예수님은 어떻게 대답하셨을까? "네가 해야 할 첫 번째 일은 이것이고, 두 번째 일은 저것이다."라는 식으로 말씀하셨을까? 그렇지 않다. 예수님은 그에게 율법의 요체를 가르치셨다. 그분은 "네가 계명을 아나니 간음하지 말라, 살인하지 말라, 도둑질하지 말라, 거짓 증언하지 말라, 네 부모를 공경하라 하였느니라"(눅 18:20)라고 말씀하셨다.

그러자 젊은 관원은 "이것은 내가 어려서부터 다 지키었나이다"(눅 18:21)라고 대답했다. 예수님은 "아니다. 너는 지키지 못했다."라고 말씀하지 않으셨다. 예수님은 그보다 훨씬 더 지혜롭고, 통찰력 있게 말씀하셨다. 그분은 문제의 본질에 다가가서 그 젊은 관원에게 "네게 아직도 한 가지 부족한 것이 있으니 네게 있는 것을 다 팔아 가난한 자들에게 나눠 주라 그리하면 하늘에서 네게 보화가 있으리라 그리고 와서 나를 따르라"(눅 18:22)라고 말씀하셨다. 그러자 "그 사람은 큰 부자이므로 이 말씀을 듣고 심히 근심했다"(눅 18:23).

예수님이 영생과 율법을 논하다가 갑자기 재물을 언급하신 이유는 무엇일까? 주님이 그렇게 하신 이유는 "하나님의 나라에 가고 싶으면 세상의 소유를 모두 내버려야 한다. 그것이 모든 신자의 의무다."라고 가르치기 위해서가 아니었다. 그렇다면 예수님의 의도는 무엇이었을까? 젊은 관원은 "이것은 내가 어려서부터 다 지키었나이다"라고 말했다. 따라서 예수님은 첫 번째 계명("너는 나 외에는 다른 신들을 네게 두지 말라"—출 20:3)을 언급하신 것이다. 다시 말해, 예수님의 말씀은 "네가 과연 율법을 잘 지키는지 한번 생각해 보자. 네 재물이 곧 너의 신이다. 그것을 없애라."라는 의미였다.

젊은 관원은 그렇게 할 수가 없었다. 그는 첫 번째 시험을 통과하지 못했다. 예수님은 그에게 하나님의 거룩하심이 요구하는 것을 가르치셨다. 하나님은 거룩하시다. 그분은 자신의 피조물에게 거룩함을 요구하신다. 만일 사람들이 그런 거룩함을 지녔다고 생각한다면 최악의 자기기만에 빠진 셈이다. 그런 거짓을 사실로 믿으려면 하나님의 기준을 낮춰야 한다. 지금 우리가 바로 그런 일을 하고 있다.

이번에는 두 번째 부류의 사람들을 생각해 보자. 자기가 완전하지 않다고 인정하는 사람들, 곧 자기가 죄인인 것을 알지만 교회에 등록하면 천국에 갈 수 있다고 생각하는 사람들이 있다. 그런 사람들이 매우 많다. 부활절이나 성탄절이 되면 출석률이 급증하는 이유를 궁금하게 여겨본 적이 있는가? 필요를 느끼든 느끼지 않든, 일 년에 두 차례 시계처럼 정확하게 교회에 나오는 특별한 부류의 등록 교인들은 심심치 않은 농담거리가 되기에 충분하다. 그들은 그때만 교회에 나온다. 52주 가운데 그 두 주만 번거로움을 감당하는 이유가 무엇일까? 왜 사람들은 그런 일을 할까?

나는 이론적으로는 거듭난 그리스도인들도 영적 성장의 과정에서 그런 나태함에 빠져들어 은혜의 수단(성도들의 모임)을 등한시하는 일이 가능할 것이라고(즉 일 년에 두 차례만 교회에 나오는 습관에 물들 수 있을 것이라고) 생각한다. 만일 실제로 그리스도인이면서도 그런 부류의 사람들 안에 포함된다면 그런 일은 얼마든지 생각할 수도 있고, 또 있을 수도 있다.

그러나 그렇게 될 가능성은 매우 희박하다. 아우구스티누스는 교회를 어머니로 여기지 않은 사람은 하나님을 아버지로 부를 수 없다고 말했다. 그리스도께서는 자기 백성을 구원해 자신의 몸인 교회 안에 두셨고, 교회 공동체와 교제를 나누라는 새로운 의무를 부여하셨다. 그리스도의 몸에 참여하는 것이 가장 중요한 은혜의 수단 가운데 하나인 이유가 여기에 있다. 신자가 교회에 참여하지 않고서 어떻게 생존할 수 있겠는가? 그리스도를 진정으로 사랑하는 사람이 어떻게 동료 신자들과의 교제를 등한시할 수 있겠는가? 신자에게는 교회가 반드시 필요하다. 교회 없이는 성화를 이룰 수 없다.

물론, 교회가 우리를 구원하는 것은 아니다. 교회에 참여한다고 해서 구원받는 것은 아니다. 교회가 우리를 위해 십자가에서 죽은 것이 아니다. 교회는 우리의 구원자가 아니다. 교회는 중보자의 종이요 그 몸이다. 오직 그리스도께서만이 우리를 구원하실 수 있다. 그리스도를 신뢰할 것인지 교회 참여를 의지할 것인지 생각해 보라.

이 책의 목적은 영적 성장의 방법을 제시하는 것이다. 이번 장에서 나는 구원의 확신이 있어야만 영적으로 성장할 수 있다고 말했다. 그리고 지금은 거짓 확신에 관해 말하고 있다. 우리의 구원이 어디에 있고, 어디에서 비롯하는지를 분명하게 알아야 한다. 그릇된 것들을 의지해 구원을 얻으려고 해서는 안 된다, 사람들은 그리스도에 대한 진정한 사랑 외에 다른 여러 가지 이유로 교회에 참여할 때가 많다.

오직 그리스도만을 믿어 의롭다 하심을 받아야만 구원의 확신을 가질 수 있다. 몇 가지 주의해야 할 점을 덧붙여 이 점을 좀 더 설명하면 다음과 같다. 영생을 얻기 위해 무엇을 의지하는가? 교회를 의지한다면 잘못이다. 그것은 거짓 확신이다. 자기 자신의 의를 의지해도 똑같이 잘못이다. 그것도 거짓 확신이다.

"내가 진정으로 믿는 것은 은혜입니다."라고 말해도 은혜를 어떻게 이해하고 있는지가 중요하다. 우리는 은혜를 왜곡된 관점으로 이해하는 문화 속에 살고 있다. 사람들은 "오직 하나님의 은혜로 천국에 갈 수 있다. 나는 죄인이고, 오직 은혜만이 나를 구원할 수 있다. 그러나 하나님이 참으로 은혜로우시다면 그분은 반드시 나를 구원하실 것이다. 하나님은 내게 은혜를 베푸셔야 할 의무가 있으시다."라는 식으로 생각한다. 이것은 정의와 은혜를 완전히 혼동한 것이다. 은혜란 받을 자격이 없는 것을 받는 것을 의미한다. 하나님은 우리에게 은혜를 빚지지 않으셨다.

다시 말하지만, 구원은 오직 그리스도를 믿음으로써 얻는다. 그렇다면 이번에는 "어떤 그리스도를 믿는가? 그리스도께서 어떤 분이신지 아는가?"라는 질문을 생각해 보자.

교회에 가보면 예수님의 신분에 관한 견해가 수십 가지나 되고, 그것들이 상호 배타적일 때가 많다는 사실을 알 수 있다. 지난 5백 년 동안 모든 철학 체계가 제각기 예수님을 자신의 사상을 대변하는 분으로 내세우려고 애써왔다. 예수님이 정치적인 혁명가이신가? 그분이 참된 실존적인 영웅이거나 도덕 교사이신가? 그런 견해들 안에는 우리의 문화 속에서 발견되는 요소들이 포함되어 있다.

우리를 구원하실 수 있는 그리스도께서는 실제로 존재하는 분이시다. 오직 성경적인 그리스도를 믿는 믿음만이 우리를 구원할 수 있다. 우리는 우리 자신을 향해 간단하게 어떤 그리스도를 믿느냐고 물어봐야 한다. 성경의 핵심을 간과하지 말고, 성경적인 예수님과 마주해야 한다. 그리고 최대한 솔직하게 "나는 이 분에 대해 어떤 자세를 취해야 하는가? 나는 성경적인 예수님 앞에 설 수 있는가?"라고 물어야 한다.

그러나 그런 질문들을 물을 때는 바울도 죄인이었고, 베드로도 죄인이었지만 구원을 확신했다는 사실에서 위로를 찾아야 한다. 성경은 죄인이면서 신자가 될 수 있다고 가르침으로써 (simul justus et peccator) 처음부터 그런 위로를 분명하게 전하고 있다. "내가 그리스도를 완전하게 사랑하는가?"라고 묻지 말고,

"내가 그분을 사랑하는가? 내가 그리스도의 승리를 바라는가? 기쁨으로 그분이 다시 오실 날을 고대하는가?"라고 물어라. 자연인이 예수님에 대한 참된 종교적인 사랑을 느끼는 것은 불가능하다. 자연인은 하나님과 반목 상태에 있다(롬 8:7; 고전 2:14).

인간은 거짓 예수, 곧 존재하지 않는 가짜 예수를 사랑할 수 있다. "그렇습니다. 하나님을 사랑합니다."라고 말하면서 그분의 명령은 무시하고 그분의 사랑과 긍휼만을 말하는 사람들이 있다. 나는 "거룩하신 하나님을 사랑하는가, 아니면 그분의 거룩하심에 관한 말을 들으면 화가 나는가? 하나님의 주권을 사랑하는가, 아니면 그 말을 듣는 순간 고개를 돌리는가? 예수님의 의를 사랑하는가? 그분의 사랑을 인정하는가? 그분을 더욱 사랑하기를 원하는가?"라고 묻고 싶다. 하나님의 사랑이 우리의 마음속에 거하지 않는다면, 곧 하나님의 성령으로 거듭나지 못했다면 그런 감정과 바람이 생겨나지 않는다(롬 5:5; 엡 2:5).

따라서 우리는 우리 자신의 성공이나 업적을 의지해서는 안 된다. 오직 "믿음의 주요 온전하게 하시는" 그리스도만을 바라봐야 한다(히 12:2). 사탄은 우리에게 다가와서 비난을 쏟아내고, 평화를 빼앗아가려고 애쓸 것이 틀림없다. 그것이 마귀가 가장 잘하는 일이다. 앞서 2장에서 설명한 대로, 그는 그리스도인의 삶 속에서 유혹자가 아닌 비난자로서 주로 활동한다. 마귀는 우리에게 "그 죄를 생각해 봐라. 네가 저지른 일을 보라. 어떻게 그리스도인이 그런 일을 할 수 있느냐?"라고 말한다. 마귀가 그렇게 비난하면 우리는 바울 사도처럼 "누가 능히 하나님께서 택하신 자들을 고발하리요 의롭다 하신 이는 하나님이시니"(롬 8:33)라고 말해야 한다.

사탄을 향해 "나의 의는 그리스도 안에 있다."라고 말하라. 그러면 불안감에 사로잡히지 않고, 우리의 구원을 안전하게 보장하시는 그리스도께 감사하며 담대히 성화를 추구할 수 있다.

우리가 거듭났다면, 하나님은 우리의 평화와 안전을 보장하신다. 하나님은 우리와 불안한 휴전 협정을 맺지 않으셨다. 따라서 우리가 설혹 잘못을 저지르더라도 그분이 다시 칼을 빼 우리에게 휘두르실 일은 결코 없다. 싸움은 완전히 끝났다. 우리는 용서받고 깨끗해졌다. 우리는 의롭다 하심을 받았다. 우리는 이제 성화의 과정을 거치고 있다. 성화도 칭의와 마찬가지로 믿음을 요구한다. 그리스도께서 이루신 사역을 의지해야 한다. 구원의 확신은 교만한 자기 평가가 아니라 우리를 지켜 주고, 온전히 구원하시는 그리스도를 믿는 믿음에서 비롯한다.

무엇을 의지하는가? 하나님의 나라 안에서 성장할 때, 우리에게 필요한 확신을 얻는 길은 오직 그리스도를 믿는 믿음뿐이다. 그리스도를 신뢰하라. 알고 있는 죄를 모두 회개하고, 구원의 기쁨 안에서 행하라.

구원의 확신은 신자의 의무다

베드로후서 1장 1-11절이 중요하고, 적절한 이유는 참된 구원의 확신을 추구하는 것에 관한 성경적인 본보기를 제시하고 있기 때문이다. 이것은 우리가 알 수 있는 경험이다. 성경 저자들은 우리가 그것을 알고, 받아들이기를 원한다. 베드로는 "예수 그리스도의 종이며 사도인 시몬 베드로는 우리 하나님과 구주 예수 그리스도의 의를 힘입어 동일하게 보배로운 믿음을 우리와 함께 받은 자들에게 편지하노니"(벧후 1:1)라는 말로 자신의 편지를 시작했다. 그는 우리가 그리스도의 의를 힘입어 믿음으로 무엇을 얻게 되었는지를 설명하기 위해 곧바로 다음과 같이 덧붙였다.

"하나님과 우리 주 예수를 앎으로 은혜와 평강이 너희에게 더욱 많을지어다 그의 신기한 능력으로 생명과 경건에 속한 모든 것을 우리에게 주셨으니 이는 자기의 영광과 덕으로써 우리를 부르신 이를 앎으로 말미암음이라 이로써 그 보배롭고 지극히 큰 약속을 우리에게 주사 이 약속으로 말미암아 너희가 정욕 때문에 세상에서 썩어질 것을 피하여 신성한 성품에 참여하는 자가 되게 하려 하셨느니라"(벧후 1:2-4).

베드로의 말은 앞서 갈라디아서 5장 17-21절에서 살펴본 대로, 육신의 행위와 육신의 정욕을 구별한 바울의 말과 흡사하다. 베드로는 "그러므로 너희가 더욱 힘써 너희 믿음에 덕을"(벧후 1:5)이라는 말로 믿음의 열매에 관심을 집중했다. 이것은 "행함이 없는 믿음은 그 자체가 죽은 것이라"(약 2:17)라는 야고보의 말과 비슷하게 들린다. 믿음은 그리스도와의 연합을 가능하게 하는 유일한 수단이다. 우리는 믿음을 통해 구원의 모든 유익을 얻는다.

칭의는 믿음으로 이루어지지만 그 상태 그대로 머물러 있지 않다. 칭의는 사랑과 선행을 낳는다. 참 믿음을 지녔다면 그 믿음에 무엇인가가 더해져야 한다. 그 무엇인가가 바로 '덕'이다. 덕은 믿음의 원인이나 칭의의 근거가 아닌 그 열매다. 영적 생명의 열매를 열거한 다음의 목록에 주목하라.

"그러므로 너희가 더욱 힘써 너희 믿음에 덕을, 덕에 지식을, 지식에 절제를, 절제에 인내를, 인내에 경건을, 경건에 형제 우애를, 형제 우애에 사랑을 더하라 (다음의 대목이 내가 강조하고 싶은 내용이다) 이런 것이 너희에게 있어 흡족한즉 너희로 우리 주 예수 그리스도를 알기에 게으르지 않고 열매 없는 자가 되지 않게 하려니와 이런 것이 없는 자는 맹인이라 멀리 보지 못하고 그의 옛 죄가 깨끗하게 된 것을 잊었느니라"(벧후 1:5-9).

덕과 경건과 형제 우애를 비롯해 베드로가 열거한 다른 덕목들을 부지런히 추구하지 않는 것은 곧 죄 사함을 받은 것을 망각한 결과다.

10절의 '그러므로'에 유의하라. '그러므로'라는 말은 앞의 전제들에서 비롯한 결론을 말할 테니 정신을 집중하라는 의미를 지닌다. 이 말은 종종 행동을 촉구하는 동사들을 사용해 우리가 배우거나 알거나 해야 할 일들을 요구한다.

그렇다면 여기에서는 어떤 행동을 요구했을까? 베드로는 "그러므로 형제들아 더욱 힘써 너희 부르심과 택하심을 굳게 하라 너희가 이것을 행한즉 언제든지 실족하지 아니하리라 이같이 하면 우리 주 곧 구주 예수 그리스도의 영원한 나라에 들어감을 넉넉히 너희에게 주시리라"(벧후 1:10, 11)라고 말했다.

그리스도께서 오늘 내게 찾아오셔서 실족하지 않는 법을 가르쳐주신다면 관심을 기울이겠는가? 그런 일들을 기꺼이 행하겠는가? 구원의 확신은 성화의 교리에 결론적으로 덧붙인 알맹이 없는 허구가 아니다. 그것은 영적 성장의 토대이자 근거다. 베드로는 성령의 열매를 열거한 바울처럼 덕목을 열거했다. 그는 우리에게 부지런함을 당부했다. 우리의 부르심과 택하심을 굳게 하기를 바란다면 부지런해야 한다.

베드로는 "택하심을 얻기 위해 부지런하라"라고 말하지 않았다. 그는 이미 이루어진 것을 더욱 굳게 확증하기를 바랐을 뿐이다. 그는 우리가 선택을 받은 신자들 안에 포함되어 있다는 확신을 지니기를 원했다.

선택의 확신이 반드시 우리의 교만을 부추기는 것은 아니다. 베드로는 사도의 권한으로 부지런히 힘써 우리의 부르심과 택하심을 굳게 하라고 명령했다.

구원의 확신은 불필요한 선택 사안이 아니다. 구원의 확신을 추구하는 것은 신자의 의무다. 그것은 수십 년 동안 신앙생활을 하고 난 뒤에야 비로소 감당할 수 있는 의무가 아니다.

그것은 신앙생활을 처음 시작하는 순간부터 감당해야 하는 의무다. 따라서 밤에 베개를 베고 누울 때마다 우리가 은혜의 상태에 있다는 사실을 기억해야 한다.

우리가 하나님과 화목한 상태이고, 그분과 평화를 누리고 있으며, 그분 앞에 언제라도 담대히 나갈 수 있다는 것을 알면 진정한 안식을 누릴 수 있다. 그런 확신은 우리가 복종과 의를 추구할 때 영혼을 튼튼하게 해주는 좋은 양식이 된다.

좋은 소식은 신앙생활이 칭의로 끝나는 것이 아니라는 것이다. "칭의는 신앙생활의 시작일 뿐이다. 칭의는 성화의 결과가 아니라 그 시작이다." 의롭다 하심을 받기 위해 거룩해질 때까지 기다릴 필요가 없다. 우리가 의롭게 되어 하나님이 우리를 의인으로 인정하실 때까지 기다리지 않아도 된다. 하나님이 예수님의 의를 우리에게 전가하시는 순간, 우리는 그분 앞에서 의인으로 간주된다.

5장.

그리스도를
온전히 의지하라

인간의 행위로는 충분하지 않다

성경 가운데서 구원의 길을 가장 명확하게 설명하고 있는 내용이 로마서에서 발견된다. 바울은 로마서 3장 9-20절에서 이렇게 말했다.

"그러면 어떠하냐 우리는 나으냐 결코 아니라 유대인이나 헬라인이나 다 죄 아래에 있다고 우리가 이미 선언하였느니라 기록된 바 의인은 없나니 하나도 없으며 깨닫는 자도 없고 하나님을 찾는 자도 없고 다 치우쳐 함께 무익하게 되고 선을 행하는 자는 없나니 하나도 없도다 그들의 목구멍은 열린 무덤이요 그 혀로는 속임을 일삼으며 그 입술에는 독사의 독이 있고 그 입에는 저주와 악독이 가득하고 그 발은 피 흘리는 데 빠른지라 파멸과 고생이 그 길에 있어 평강의 길을 알지 못하였고 그들의 눈앞에 하나님을 두려워함이 없느니라 함과 같으니라 우리가 알거니와 무릇 율법이 말하는 바는 율법 아래에 있는 자들에게 말하는 것이니 이는 모든 입을 막고 온 세상으로 하나님의 심판 아래 있게 하려 함이라 그러므로 율법의 행위로 그의 앞에 의롭다 하심을 얻을 육체가 없나니 율법으로는 죄를 깨달음이니라."

바울 사도는 위의 본문, 곧 로마서의 서론부에서 구원의 길을 더할 나위 없이 명확하게 설명했다. 그는 그리스도의 십자가를 가리키기 전에 먼저 인간의 보편적인 죄책을 거론함으로써 그 기초를 놓았다. 그리고 나서 그는 "모든 사람이 죄를 범하였으매 하나님의 영광에 이르지 못하더니"(롬 3:23)라고 결론지었다. 바로 이것, 곧 율법의 행위로는 하나님의 정의를 충족시킬 수 없다는 것이 바울이 말하려는 요점이다. 인간의 선행은 하나님의 율법을 충족시킬 수 있을 만큼 충분히 선하지 못하다. "그러므로 율법의 행위로 그의 앞에 의롭다 하심을 얻을 육체가 없나니 율법으로는 죄를 깨달음이라"(롬 3:20).

그렇다면 그 이유는 무엇일까? 다시 '그러므로'라는 말에 주목하라. 바울의 전제들을 다시 살펴보면, 그가 전개한 논리의 흐름을 파악할 수 있다. 바울은 온 인류를 하나님의 심판대 앞에 세우고, "의인은 없나니 하나도 없으며"(롬 3:10)라고 모든 사람이 하나님 앞에서 죄인이라고 선언했다.

논리의 범주와 직접추리의 법칙을 알고 있다면 이것이 '전체부정'으로 불리는 진술(명제)이라는 것을 알 수 있을 것이다. 이것은 하나의 특정한 부류로부터 모든 사람을 배제하는 의미를 지닌다. 여기에서 모든 사람을 배제하고 남은 특정 부류란 의인들을 가리킨다. 모두가 배제되었다. 의인들의 부류에 포함된 사람은 아무도 없다.

유일한 예외가 있다면 의로우신 그리스도뿐이시다. 그분은 죄 없으신 의인이셨다. 바울은 타락한 인류에 대해 말하고 있다. 의인의 부류로 격상될 수 있는 사람은 아무도 없다. 바울은 "없나니 하나도 없으며"(롬 3:10)라는 명명백백한 표현으로 전체를 부정했다.

또한 그는 계속해서 "깨닫는 자도 없고"(롬 3:11)라고 말했다.

여기에 우리가 이해해야 할 연결 고리가 있다. 육신을 입은 인간, 곧 자연인 중에 의를 이룰 사람이 아무도 없는 이유 가운데 하나는 타락한 자연 상태에서는 그런 사실을 깨닫는 자가 아무도 없기 때문이다. 우리는 하나님이나 그분의 의를 올바로 깨달을 능력이 없다.

"하나님을 찾는 자도 없고"(롬 3:11)라는 그다음의 표현은 기독교 공동체 내에서 별로 인기가 없다. 나는 그리스도인들이 "내 친구는 그리스도인이 아니지만 하나님을 찾고 있습니다."라고 말하는 것을 많이 들어보았다. 어떤 교회들은 심지어 '구도자들'을 돕는다는 이유로 예배를 그들에게 맞춰 변형하기까지 한다. 바울 사도는 "하나님을 찾는 자도 없고"라고 말하는데, 우리는 왜 그렇게 하는 것인지 참으로 궁금하다.

물론, 성경은 "너희는 여호와를 만날 만한 때에 찾으라 가까이 계실 때에 그를 부르라 악인은 그의 길을, 불의한 자는 그의 생각을 버리고 여호와께로 돌아오라 그리하면 그가 긍휼히 여기시리라 우리 하나님께로 돌아오라 그가 너그럽게 용서하시리라"(사 55:6, 7)라고 말씀한다. 성경에는 하나님을 찾으라는 명령이 자주 발견된다. 그렇다면 하나님을 찾는 사람이 아무도 없는데 하나님은 왜 그렇게 명령하시는 것일까?

그 한 가지 이유는 하나님이 그렇게 명령하셔도 귀를 기울이는 사람이 아무도 없다는 사실에 있다. 하나님이 그렇게 할 수 있는 은혜를 허락하지 않으시면 그 명령을 따를 사람이 아무도 없다. 이것은 그런 명령이 무가치하다는 의미가 아니다. 그런 명령이 하나님의 백성에게 주어진 경우가 많다는 사실에 유의하라(마 6:33 참조). 하나님을 찾는 것은 신앙생활의 의무다.

하나님을 찾는 것은 회심에서부터 시작할 뿐, 거기에서 그치지 않는다. 회심하기 전에는 하나님을 찾을 수 없다. 성경이 인간의 타락한 자연 상태를 묘사하는 내용에 따르면, 인간은 여기저기를 샅샅이 살펴 하나님의 존재를 암시하는 실마리를 찾으려고 애쓰지 않는다. 오히려 인간은 도망자처럼 행동한다. 인간은 아담과 하와가 에덴동산에서 하나님을 피해 숨은 것처럼(창 3:8) 그분으로부터 멀리 도망치려고 애쓴다. 아담과 하와가 숨은 이유는 자신들의 죄 때문이었다. 그들은 어떻게든 하나님을 피하려고 애썼다. 지금도 인류는 평화와 안전과 용서와 같은 하나님의 축복을 바랄 뿐, 하나님 자신을 바라지는 않는다.

바울은 계속해서 '다 치우쳐'(롬 3:12)라고 말했다. 이것은 별로 놀랍지 않다. 하나님을 찾는 사람이 아무도 없는데 다 그릇 치우치는 것이 당연하지 않겠는가? 예수님이 종종 '길'이라는 말로 구원에 관해 말씀하신 것이 흥미롭지 않은가(요 14:6)? 사실, 그리스도인들은 처음에 '도를 따르는' 사람들로 불렸다(행 24:14 참조). 예수님은 "멸망으로 인도하는 문은 크고 그 길이 넓어 그리로 들어가는 자가 많고 생명으로 인도하는 문은 좁고 길이 협착하여 찾는 자가 적음이라"(마 7:13, 14)라고 말씀하셨다. 이것은 오늘날 많은 사람이 구원에 관해 생각하는 것과는 매우 다르다.

바울은 12절 후반부에서 "선을 행하는 자는 없나니 하나도 없도다"라고 말했다. 이 말은 선뜻 믿기 어려운 말처럼 들린다. 정말로 거듭남의 은혜를 받지 못한 사람들은 전혀 선을 행할 수 없다는 것인가? 그렇다. 그렇다면 어떻게 그럴 수가 있을까? 사실, 신자들보다 훨씬 더 선하게 사는 불신자들이 적지 않다. 그들은 우리보다 더 근면하고, 정직할 뿐 아니라 사람들에 대한 동정심도 더 많다. 그런데 어떻게 그들이 전혀 선을 행할 수 없다고 말할 수 있단 말인가?

위대한 개혁자 칼빈은 불신자의 시민적 정의에 관해 말했다. 그는 하나님의 율법에 대한 외적인 복종의 관점에서 그것을 묘사했다. 예를 들어, 하나님은 "도둑질하지 말라"(출 20:15)라고 말씀하신다. 도둑질하지 않는 불신자들이 있다. 그렇다면 그들은 선을 행하는 것이 아닐까?

선에 관한 성경적인 개념을 주의 깊게 살펴보면, 두 가지 차원을 지니는 것을 알 수 있다. 하나님은 인간의 행위를 보실 때 두 가지를 보신다. 구체적으로 말해 그분은 인간이 행한 실제적인 행위와 그 마음을 보신다. 그분은 동기의 순수함을 살피신다. 하나님은 "나를 온전히 사랑하는 마음으로 그 일을 행했느냐?"라고 물으신다. 이 두 가지 측면이 모두 온전하지 않으면 전체적인 행위는 선한 것이 아니다. 겉으로는 선한 것처럼 보일 수도 있다. 그러나 하나님을 영화롭게 하려는 순수한 동기가 없으면 결코 선하지 않다. 불신자는 하나님으로부터 멀어져 관계가 단절된 상태이기 때문에 아무리 율법을 외적으로 열심히 지키더라도 그 동기가 순수할 수 없다.

이런 성경적인 전제를 옳게 이해한다면 우리의 행위에서 구원의 확신을 얻을 수 있는 희망이 전혀 없다는 것을 알 수 있을 것이다. 이런 말이 다소 혼란스럽게 들릴 수도 있을 것이 틀림없다. 신약성경은 정말로 그렇게 과격한 표현을 사용해 하나님의 은혜가 없으면 아무도 선한 일을 할 수 없다고 말씀할까? 그렇다. 신약성경의 표현은 말 그대로 과격하다. '과격한'을 뜻하는 영어 단어 'radical'은 '뿌리, 핵심'을 뜻하는 라틴어 '로덱스'(rodex)에서 유래했다. 이것은 문제의 근원을 다루는 진술이다. 이것은 하나님이 우리의 행위를 평가하시는 근원적인 기준을 다룬다. 하나님은 우리의 외적 행위에만 관심을 기울이지 않으신다. 그분은 또한 마음의 동기로 우리를 평가하신다. 이것이 예수님과 바리새인들 사이에서 많은 갈등이 불거진 이유다. 바리새인들의 외적 행위는 매우 덕스럽게 보였지만 한갓 위선에 지나지 않았다. 왜냐하면 그들의 마음이 하나님에게서 멀었기 때문이다.

믿음의 고백만으로는 충분하지 않다

교회는 은혜의 수단을 제공하는 하나님의 도구이자 구원의 길을 선포하는 통로이지만, 교회에 등록하는 것만으로는 구원을 받을 수 없다. 구원자는 교회가 아닌 그리스도이시다. 만일 그리스도 안에 있으면 은혜의 상태 안에 있는 것이지만 교회 안에 있는 것이 곧 그리스도 안에 있는 것은 아니다.

복음주의자들이 이해해야 할 또 한 가지 중요한 사실은, 믿음의 고백이 구원을 보장하는 것은 아니라는 사실이다. 대다수 교회는 개인을 등록 교인으로 받아들이기 전에 믿음의 고백을 요구한다. 심지어 선교 단체와 같은 교회 협력 단체들도 여러 가지 방법을 사용해 사람들이 그리스도를 믿는 믿음을 고백하도록 이끈다. 예를 들면, 사람들을 강단 앞에 나오게 하거나 기도를 따라 하게 하거나 카드에 서명하는 것과 같은 방법이 사용된다. 그런 방법들 자체는 아무런 문제가 없다. 그러나 그런 믿음의 고백이 구원을 보장하는 것은 결코 아니다.

예수님은 "이 백성이 입술로는 나를 공경하되 마음은 내게서 멀도다"(마 15:8)라고 경고하셨다. 이 말씀은 신자가 아니더라도 말로 믿음을 고백하는 것이 얼마든지 가능하다는 의미를 담고 있다. 야고보는 "내 형제들아 만일 사람이 믿음이 있노라 하고 행함이 없으면 무슨 유익이 있으리요 그 믿음이 능히 자기를 구원하겠느냐"(약 2:14)라고 말했다. 이신칭의는 필연적으로 행위의 열매를 맺는다. 물론, 우리는 믿음을 고백해야 한다. 그러나 단순한 고백만으로는 구원이 보장되는 것은 아니다. 구원받으려면 단순한 고백이 아닌 참 믿음을 고백해야 한다. 참 믿음이 아닌 것을 고백하는 일이 얼마든지 가능하다.

예수님이 하신 가장 두려운 말씀 가운데 하나가 산상설교 마지막 부분에서 발견된다. 예수님은 "많은 사람이 나더러 이르되 주여 주여 우리가 주의 이름으로 선지자 노릇하며 주의 이름으로 귀신을 쫓아내며 주의 이름으로 많은 권능을 행하지 아니하였나이까 하리니 그 때에 내가 그들에게 밝히 말하되 내가 너희를 도무지 알지 못하니 불법을 행하는 자들아 내게서 떠나가라 하리라"(마 7:22, 23)라고 말씀하셨다. 이것은 단지 믿음의 고백에만 그친 사람들에게 해당하는 경고다. 우리가 한 말의 고백이나 단순한 의식이나 외적 행위만을 의지해서는 안 된다.

그리스도를 신뢰하는 것만이 구원받을 수 있는 유일한 길이라는 사실을 옳게 이해했다고 가정해 보자. 성경적인 그리스도를 믿는 믿음이 참이라면 구원을 온전히 확신하며 기뻐할 수 있는 이유가 충분하다. 그러나 그런 상황에서도 반드시 점검해야 할 두 가지 질문이 있다. 하나는 "나의 믿음이 참 믿음인가?"라는 것이고, 다른 하나는 "나의 믿음이 참 그리스도를 믿는 믿음인가?"라는 것이다. 교리가 그토록 중요한 이유가 여기에 있다. 교리는 하나님의 본질 및 그리스도의 본질과 사역을 명확하게 이해할 수 있도록 도와준다.

따라서 나는 이렇게 묻고 싶다. 성경적인 그리스도를 사랑하는가, 아니면 문화적인 그리스도를 사랑하는가? 심판을 베풀지 않는 그리스도, 삶의 헌신을 요구하지 않는 그리스도, 죄를 뉘

우치라고 말씀하지 않는 그리스도를 사랑하는가? 어쩌면 친절하고, 온유하고, 온화한 예수님만을 생각할는지도 모른다. 그런 예수님은 우리의 모든 문제를 해결해주고, 우리의 모든 요청을 들어주고, 우리에게 건강과 부를 제공하기 위해 존재할 뿐이다. 이것이 건강과 부를 강조하는 '번영의 복음'을 들을 때마다 안타까운 마음이 드는 이유다. 그런 체계를 따르는 사람들의 회심은 번영의 약속을 믿기 위한 것일 뿐, 살아 계시는 그리스도를 믿는 믿음과는 아무런 상관이 없다. 예수님은 실제로 사역을 하셨던 역사상의 실제 인물이시다. 그분은 실제로 구원 사역을 이루셨다. 구원 신앙의 대상은 바로 실제적인 예수님(그분의 인격과 사역)이어야 한다.

일전에 어떤 사람이 내게 "스프로울 박사님, 그리스도를 온전히 사랑하십니까?"라고 물었다. 나는 "그렇지 못합니다."라고 대답했다. 그는 다시 "그분을 마땅히 사랑해야 할 만큼 사랑하십니까?"라고 물었다. 나는 "그분을 온전히 사랑해야 마땅하지만 그렇지가 못합니다."라고 대답했다. 그는 그런 식으로 계속 질문하면서 "그리스도를 사랑하십니까?"라고 물었다. 이번에는 나는 주저하지 않고 "그렇습니다. 나는 그분을 온전히 사랑하지는 못합니다. 나는 그분을 완전하게 사랑하지도 못하고,

마땅히 사랑해야 할 만큼 사랑하지도 못하지만 내가 그분을 사랑하고 있는 것은 분명합니다."라고 대답했다.

또한 나는 나 스스로의 힘으로는 그리스도를 사랑할 수 없다는 것을 안다. 성부 하나님이 내 마음을 변화시켜 성령으로 거듭나게 하지 않으셨다면 성경적인 그리스도를 사랑할 수 없었을 것이다. 나는 "내 아버지께서 오게 하여 주지 아니하시면 누구든지 내게 올 수 없다 하였노라"(요 6:65)라는 예수님의 말씀을 믿는다. 하나님은 성령의 능력으로 나를 자기에게로 이끄셨다. 따라서 나의 확신은 성령의 증언에 근거한다. 성령께서는 나의 영과 더불어 내가 하나님의 자녀라는 확신을 주신다(롬 8:16). 성경적인 교리가 중요한 이유는 우리에게 큰 위로와 건전한 확신을 주기 때문이다.

구원자를 확신하라

이번에는 어떻게 구원의 참된 확신을 지닐 수 있는지를 잠시 살펴보고 싶다. 구원의 확신은 구원의 의미를 옳게 이해하는 데서부터 시작된다. 앞서 말한 대로, 많은 사람이 자신의 선행을 믿고 그릇된 자신감을 내보인다. 바울은 로마서 3장에서

"율법의 행위로 그의 앞에 의롭다 하심을 얻을 육체가 없나니 율법으로는 죄를 깨달음이라"(20절)라고 말했다. 우리는 일단 거기까지만 알고 있다. 나는 바울의 가르침을 살펴보다가 중간에 멈추었다.

그 바로 다음의 말은 성경에서 가장 중요한 말 가운데 하나다. 그 말은 다름 아닌 '그러나'이다(『한글 개역개정 성경』에는 빠져 있다 -역자주). 뭔가 희망을 주는 새로운 대안을 암시하는 말이다. 바울은 우리 자신의 선행으로는 구원받을 가능성이 없다는 절망적인 결론을 제시하고 나서 이렇게 말했다.

"(그러나) 이제는 율법 외에 하나님의 한 의가 나타났으니 율법과 선지자들에게 증거를 받은 것이라 곧 예수 그리스도를 믿음으로 말미암아 모든 믿는 자에게 미치는 하나님의 의니 차별이 없느니라 모든 사람이 죄를 범하였으매 하나님의 영광에 이르지 못하더니 그리스도 예수 안에 있는 속량으로 말미암아 하나님의 은혜로 값없이 의롭다 하심을 얻은 자 되었느니라 이 예수를 하나님이 그의 피로써 믿음으로 말미암는 화목제물로 삼으셨으니 이는 하나님께서 길이 참으시는 중에 전에 지은 죄를 간과하심으로 자기의 의로우심을 나타내려 하심이니 곧 이 때에 자기의 의로우심을 나타내사 자기도 의로우시며 또한 예수 믿는 자를 의롭다 하려 하심이라"(롬 3:21-26).

다시 말하지만, 구원을 더욱 강하게 확신하기를 원한다면 구원의 의미를 분명하게 이해해야 할 필요가 있다. 그러려면 먼저 칭의의 토대, 즉 그 근거를 이해해야 한다.

바울은 확신의 근거 가운데 하나를 배제했다. 그것은 바로 율법의 행위를 의지하는 것이다. "이제는 율법 외에 하나님의 한 의가 나타났다"(롬 3:21). 바울이 우리의 의로운 행위로 하나님의 요구를 충족시킬 수 있다는 생각을 어리석다고 말한 이유는 그것이 하나님의 의를 과소평가하고 있거나 우리의 의를 터무니없이 과대평가하고 있다는 증거이기 때문이다. 우리는 의롭고, 거룩하신 하나님의 요구를 충족시키기에 충분한 선을 절대로 행할 수 없다. 따라서 선행으로 하나님의 의를 충족시킬 수 있다는 희망은 아예 포기해야 마땅하다.

좋은 소식, 곧 바울이 선포한 복음은 율법 외에 한 의, 곧 믿음으로 얻는 의가 나타났다는 것이다. 사실, 이 말조차도 잘못 이해할 소지가 있다. 이것은 단지 충분한 믿음만 있으면 그 믿음이 완전한 의를 이루도록 도와줄 수 있는 수단이 된다는 의미일까? 그리고 완전한 의를 이루면 구원을 확신할 수 있는 것일까? 그렇지 않다.

아우구스티누스가 가르친 대로, 바울은 하나님처럼 의롭게 되는 의에 관해 말하지 않았다. 그가 말한 것은 하나님이 믿음을 통해 우리에게 허락하시는 의다. 그 의는 하나님에게서 비롯한 것이다. 그분이 그 의를 주신다. 그러나 그것은 그분의 본질적인 내적 의가 아니다. 그것은 하나님이 믿는 자들에게 허락하시는 그리스도의 의다. 하나님은 그리스도의 의를 믿는 자들의 것으로 간주하신다. 하나님의 요구를 충족시킬 수 있는 의는 우리 자신의 의가 아니다. 그것은 다른 사람의 의, 곧 그리스도의 의다.

바울 사도가 확신과 평화를 가질 수 있는 이유를 설명한 방식은 매우 의미심장하다. 그는 로마서 5장 1절에서 "그러므로 우리가 믿음으로 의롭다 하심을 받았으니 우리 주 예수 그리스도로 말미암아 하나님과 화평을 누리자"라고 말했다. 만일 올바른 구원의 확신을 얻으려면 성경이 가르치는 확신을 얻어야 한다. 바울은 그것이 그리스도를 믿는 모든 사람을 의롭게 하실 것이라는 하나님의 약속을 통해 우리에게 주어진다고 말했다. 신자들은 자신의 의가 아닌 예수님의 의를 의지한다. 내가 나의 구원을 확신할 수 있는 이유는 나의 구원자를 확신하기 때문이다. 나는 그분의 능력을 확신한다. 그분의 의는 아무런 부족함이 없다. 따라서 그분의 의는 나의 부족한 것을 모두 채워 줄 수 있다.

그러나 구원의 확신과 그리스도 안에서의 성장은 서로 긴장 관계에 놓여 있다. 우리는 하나님이 보시기에 의롭게 되었다. 우리는 그리스도의 의로 의롭다 하심을 받았고, 또한 구원받았다. 우리는 구원의 상태에 있다. 하지만 한 가지 문제는 우리가 여전히 죄인이라는 것이다. 우리는 죄를 짓는다. 그리스도의 의를 바라볼 때 희망과 확신을 가질 수 있지만 우리의 죄를 바라보면 절망할 수밖에 없다. 우리 자신의 죄를 바라보면 구원을 확신하기가 어렵다.

좋은 소식은 신앙생활이 칭의로 끝나는 것이 아니라는 것이다.

"칭의는 신앙생활의 시작일 뿐이다. 칭의는 성화의 결과가 아니라 그 시작이다."

의롭다 하심을 받기 위해 거룩해질 때까지 기다릴 필요가 없다. 우리가 의롭게 되어 하나님이 우리를 의인으로 인정하실 때까지 기다리지 않아도 된다. 하나님이 예수님의 의를 우리에게 전가하시는 순간, 우리는 그분 앞에서 의인으로 간주된다.

처음 구원받을 때 하나님이 우리의 마음속에 두신 은혜는 마지막 단계에 이르러 완전해질 것이다. 그 마지막 단계는 영화다. 그때가 되면 남아 있는 죄의 잔재가 남김없이 제거될 것이다. 그 순간, 우리는 완전해질 것이다. 그리스도께서는 우리의 마음속에서 시작한 일을 온전히 이루시겠다고 약속하셨다. 우리가 믿는 순간부터 우리를 치유해 그리스도의 형상으로 변화시키는 하나님의 사역이 시작된다. 그런 변화가 시작되지 않는다면 참 믿음을 가지지 못했다는 명백한 증거다. 참 믿음이 있으면 참된 칭의가 이루어지고, 참된 칭의가 이루어지면 성화의 열매가 맺힌다. 우리는 이런 사실을 확신해야 한다.

믿음과 열매

이번에는 개인적인 구원의 확신을 얻는 데 필요한 가장 중요한 두 가지 요소를 잠시 살펴보고 싶다. 사실, 이것은 단순히 두 가지 요소가 아니라 극도로 중요한 것이다. 그 두 가지란 다름 아닌 믿음과 열매다. 먼저 믿음부터 살펴보기로 하자.

칭의의 근거는 오직 그리스도의 의뿐이다. 하나님은 믿음을 통해 그것을 우리에게 전가하신다. 종교개혁자들은 믿음을 칭의의 도구적인 원인으로 간주했다. 이것은 우리가 "믿음으로 의롭다 하심을 받는다"라는 신약성경의 가르침에서 '-으로'라는 말이 매우 중요하다는 의미를 지닌다.

이 말은 어떤 것이 이루어지게 하는 수단을 가리킨다. 믿음으로 의롭다 하심을 받는다는 성경의 가르침은 우리의 믿음이 구원을 얻는 공로가 아니라는 뜻이다. 믿음은 우리가 그리스도와 연합해 우리를 위한 그분의 구원 사역의 축복을 누리게 만드는 수단일 뿐이다.

성경이 요구하는 믿음은 그리스도를 믿는 믿음을 가리킨다. '-을 믿다'를 뜻하는 헬라어 '피스튜오 에이스'에서 전치사 '에이스'(eis)는 '-안으로'를 뜻한다. 믿음을 가지면 그리스도와의 연합이 이루어져 우리는 그분 안에 거하고, 그분은 우리 안에 거하시는 결과가 나타난다. 다시 말해, 예수님과의 신비적 연합의 은혜를 누릴 수 있다. 우리는 성자와 연합하는 순간, 하나님의 가족으로 입양된다. 이처럼 구원의 상태에 대한 우리의 확신은 궁극적으로 우리 자신에 대한 확신과는 거리가 멀다.

"구원의 확신은 우리의 구원자이신 주님의 사역이 완전하다는 확신에서 비롯한다."

우리의 확신은 우리 자신이 아니라 자기 백성을 구원하는 능력을 분명하게 입증해 보이신 예수님 안에 있다.

그리스도께서는 우리의 구원을 위한 대가를 모두 치르셨다. 그분은 우리를 대신해 성부 앞에서 자신을 희생 제물로 드리셨다. 그분은 우리를 하나님의 가족이 되게 하셨고, 날마다 우리를 위해 중보 기도를 드리신다. 따라서 구원의 확신은 구원자이신 주님을 믿는 믿음에 근거해야 한다. 그분은 자기를 믿기만 하면 우리를 온전하고, 완전하게 영원히 구원하겠다고 약속하신다. 따라서 우리는 우리가 진정으로 그리스도를 믿고 있는지, 우리의 마음속에 믿음과 확신이 있는지를 알아야 한다. 그리스도를 의지하는가? 그분이 구원하실 것이라고 믿는가? 이 질문에 확실하게 대답할 수 있어야 한다. 우리는 내가 그리스도를 믿고 있는지, 그분을 의지하고 있는지, 그분을 사랑하고 있는지를 알 수 있다.

구원 신앙은 개인적이고, 인격적이지만 사적인 영역에만 머물지 않는다. 그리스도께서는 온 세상 앞에서 자신의 이름을 시인하라고 요구하신다(마 10:32). 그분은 사람들 앞에서 자기를 증언하라고 요구하신다. 우리는 그리스도의 빛을 말 아래 감춘 채로 혼자서만 가지고 있어서는 안 된다(마 5:14-16). 사적인 믿음은 성경적인 믿음이 아니다. 성경적인 믿음은 본질상 공적인 속성을 지닌다. 앞서 말한 대로, 우리는 믿음을 소유할 뿐 아니라 고백해야 한다. 구원의 확신을 가질 수 있는 가장 좋은 방법 가운데 하나는 우리의 믿음을 다른 사람들에게 전하는 것이다.

그런 행위들은 참된 구원 신앙의 몇 가지 표징에 해당한다. 물론, 그런 행위들이 칭의의 공로는 아니다. 그러나 참 믿음, 곧 살아 있는 믿음은 즉시 열매를 맺기 시작한다. 진정으로 믿는 사람들은 변화한다. 그들은 완전하지 않다. 그들은 단번에 거룩해지지는 않지만 서서히 변화한다. 중생을 통해 성령의 내주하심이 이루어지면 그 순간부터 즉시 성장하기 시작한다.

기독교적 사랑이 오래 참는 속성을 지니는 이유는 무엇일까? 인간적인 사랑도 정치적 동기나 기타 여러 가지 세속적인 이유로 오래 참는 힘을 발휘할 수 있다. "기독교적 사랑이 오래 참는 이유는 그것이 곧 그리스도를 본받는 것이고, 나아가 하나님을 본받는 덕목이기 때문이다."

6장.

하나님의 성품을
배우라

성화는 하나님의 성품을 닮는 것이다

누군가로부터 불친절한 말을 들었거나 누군가가 근거 없는 험담을 퍼뜨리는 것을 경험한 적이 있는가? 우리 가운데는 그런 일을 경험한 사람들이 적지 않다. 그런 경험들은 감당하기가 힘들다. 그러나 나는 이번 장에서 "그런 일을 겪을 때 어떻게 반응하는가?"라는 질문을 생각해 보고 싶다.

영적 사랑의 미덕과 열매를 다룬 가장 위대한 고전 가운데 한 권이 조나단 에드워즈에 의해 저술되었다. 그 책의 제목은 『사랑과 그 열매』다. 지금까지 그 책을 읽어보지 못했다면 꼭 찾아서 읽어보기 바란다. 그것은 모두가 반드시 읽어봐야 할 책이다. 그는 그 책에서 개인적인 상처와 고통을 사랑으로 극복하는 방법을 다루었다. 그의 말 중에서 두어 대목을 인용하면 다음과 같다.

상처를 입었을 때 흥분하고, 분노하며, 복수심을 품는 사람들은 마치 자기에게 이상한 일이 일어난 것처럼 행동한다. 그러나 그런 생각은 매우 어리석다. 왜냐하면 그것이 이상한 일이 아니라 오늘날과 같은 세상에서는 얼마든지 쉽게 일어날 수 있는 일이기 때문이다. 따라서 스스로가 겪는 상처 때문에 성질을 부리는 것은 현명한 태도가 못 된다.

… 오래 참으며 온유한 태도로 상처를 감당하는 기독교적인 정신은 영혼의 진정한 위대함을 나타내는 표징이다. 상처와 해악의 와중에서도 영혼의 침착함을 유지하는 것은 정신의 진정한 위대함과 참되고, 고귀한 품성을 드러내는 것이다.[1]

에드워즈가 말하려는 요점은 그리스도인은 오직 하나님만을

---

[1] Jonathan Edwards, *Charity and Its Fruits* (New York: Robert Carter & Brothers, 1852), 125, 127.

바라보며, 그분과의 관계에만 집중해야 한다는 것이다. 다른 사람이 우리에게 할 수 있는 것은 세상의 즐거움을 빼앗는 것 외에는 아무것도 없다. 다른 사람은 우리의 몸을 상하게 하거나 우리의 돈을 훔치거나 우리의 평판을 훼손할 수 있다. 그런 것들은 모두 이 세상의 즐거움과 염려와 관련된 것이다. 그러나 우리에게는 하늘에 간직된 기업이 있다(벧전 1:4). 아무도 빼앗거나 녹슬게 하거나 부패시킬 수 없는 보화가 우리를 기다리고 있다(마 6:20). 그 보화는 주님이 친히 보호하고, 보존하신다. 주님은 우리가 받을 미래의 기업을 보장하신다.

위의 인용문에서, 에드워즈는 우리에게 무슨 특별한 것을 요구하지 않았다. 우리는 모욕으로 인한 고통과 상처와 슬픔을 인내와 사랑과 온유함으로 감내해야 할 의무가 있다(마 5:11; 벧전 4:14). 이것이 우리 모두에게 요구되는 의무인 이유는 그것이 바로 신앙생활의 핵심이기 때문이다. 우리는 그리스도를 본받으라는 부르심을 받았다(고전 1:11). 우리는 그리스도가 아니다. 그러나 우리는 성화를 이루어가면서 차츰 그분의 형상으로 변화된다. 우리는 그리스도께서 사신 것처럼 살려고 노력해야 한다.

예수님은 고난과 십자가의 수난을 겪으면서 자기를 해롭게 하는 사람들을 위해 용서를 구하셨다. 그분은 아무 죄도 없으셨다. 그리스도께 쏟아진 비난은 모두 거짓이었다. 그러나 우리가 받는 비난이 모두 다 거짓인 것은 아니다. 우리는 "나는 비난받을 일을 전혀 한 일이 없기 때문에 아무도 나를 비난해서는 안 돼."라고 말할 수 없다. 우리에 대한 비난이 타당할 때도 우리는 화를 내며, 상처를 받고, 앙심을 품는다.

예수님은 온유하고, 친절하며, 인내심이 강하셨다. 그분은 단 한 번도 복수를 꿈꾸지 않으셨다. 물론, 그 이유는 "그는 보이지 아니하는 하나님의 형상이시요"(골 1:15)라는 말씀대로 그분이 완전하시기 때문이다. 우리는 이 세상에서 예수님과 같은 정도의 덕행을 실천할 수는 없지만, 그분 안에 거하셨던 성령께서 우리 안에 똑같이 거하고 계시기 때문에 그분을 본받는 삶을 살아야 한다.

"예수님은 우리에게 성령을 주셨고, 성령의 열매를 맺으라고 요구하신다."

앞서 말한 대로, 우리 가운데 다는 아니더라도 대다수가 상처를 입은 것을 분하게 생각한다. 우리는 하나님이 다른 사람들에게 벌을 내려 우리를 옹호해 주시기를 간절히 바란다. 우리는 그분이 우리의 원수들에게 복수해주시기를 원한다. 그러나 그렇게 하기보다는 "주님, 이 경험을 통해 주님을 더 깊이 알게 하시고, 마땅히 관심을 기울여야 할 것에 관심을 기울일 수 있도록 도와주소서. 다른 사람들 앞에서 내가 옳다고 옹호 받는 것을 만족으로 여기지 않도록 주님의 영광을 제게 가득 채워주소서."라고 기도할 수 있어야 한다.

그런 유혹을 극복하기가 어렵거든, 창세기 15장 1절의 말씀에서 용기를 얻기를 바란다. 하나님은 그곳에서 "아브람아 두려워하지 말라 나는 네 방패요 너의 지극히 큰 상급이니라"라고 말씀하셨다. 이 말씀은 우리가 아닌 아브라함에게 주어진 것이지만 하나님이 자기 백성과 어떤 식으로 관계를 맺으시는지를 잘 보여준다. 이 말씀에 근거해 하나님께 "오, 주님. 저의 방패가 되어 주소서."라고 기도하라. 우리는 보호가 필요하다. 사탄의 화살이 날아오는 상황에서 상처를 입을 것 같으면 하나님을 방패로 삼아야 한다. 그동안 하나님이 우리를 보호해주신 것을 생각하며 계속해서 그분을 향해 부르짖어야 한다.

아울러 창세기 15장 1절 후반부에는 "너의 지극히 큰 상급이니라"라는 말씀이 기록되어 있다. 이 말씀은 예수님이 신약성경에서 하신 말씀과 일맥상통한다. 예수님은 마태복음 5장 11, 12절에서 "나로 말미암아 너희를 욕하고 박해하고 거짓으로 너희를 거슬러 모든 악한 말을 할 때에는 너희에게 복이 있나니 기뻐하고 즐거워하라 하늘에서 너희의 상이 큼이라"라고 말씀하셨다.

우리는 이미 인간이 가질 수 있는 가장 큰 선물을 받았다. 그리스도의 복음 안에 있는 풍성한 축복이 모두 우리의 것이다. 오직 하나님만을 바라본다면 인내와 친절과 사랑의 태도를 보이는 것이 그렇게 어렵지만은 않을 것이다. 그분은 우리의 방패이시다. 그분이 우리에게 주신 상급은 매우 크다. 하나님은 내세에서는 우리에게 훨씬 더 많은 것을 베풀어주실 것이다 (엡 2:7).

다른 사람들이 우리에게 죄를 지었을 때, 하나님은 우리에게 탁월한 태도를 요구하신다. 그 이유는 우리의 상급이 탁월하기 때문이다. 성경은 "무엇보다도 뜨겁게 사랑할지니 사랑은 허다한 죄를 덮느니라"(벧전 4:8)라고 가르친다. 그리스도께서 자신의 피로 우리의 죄를 어떻게 용서해 주셨는지 생각해 보라. 그 기쁜 현실을 생각하면 다른 형제자매들의 죄를 잘 덮어줄 수 있을 것이다. 거짓이나 가식이 아닌 사랑에서 우러나는 진정한 마음으로 그렇게 할 수 있을 것이다. 우리가 다른 사람들의 죄를 인내하며 즐거이 감당할 수 있는 이유는 하나님이 우리에게 그런 인내와 은혜를 베풀어주셨기 때문이다.

사랑은 오래 참는다

갈라디아서 5장 22, 23절에 기록된 성령의 열매들 가운데서 사랑이 첫 번째 열매로 언급된 것은 우연이 아니다. 바울은 다른 곳에서 기독교적 사랑의 본질을 깊이 있게 드러냈다. 그리스도인들을 대상으로 한 설문 조사들을 살펴보면, 사람들이 어떤 성경 본문을 가장 좋아하는지를 알 수 있다. 사람들이 가장 좋아하는 성경 본문으로 종종 손꼽는 것은 다름 아닌 고린도전서 13장이다.

고린도전서 13장은 결혼식이나 인기 있는 찬송가의 가사에 자주 사용된다. 고린도전서 13장의 문학적인 수사법은 우리를 매료시킬 만큼 장엄하고, 아름답다. 그런데 고린도전서 13장의 아름다움에 심취해 그것에 너무 익숙하다 보니 메시지를 간과할 때가 많다. 바울은 낭만적인 사랑의 랩소디를 읊지 않았다. 하나님은 바울을 통해 기독교적 사랑의 본질을 밝히셨다.

바울은 "내가 사람의 방언과 천사의 말을 할지라도 사랑이 없으면 소리 나는 구리와 울리는 꽹과리가 되고"(고전 13:1)라는 말로 고린도전서 13장을 시작했다. 바울이 사용한 은유적인 표현은 매우 흥미롭고, 의미심장하다. 우리는 웅변적인 말을 좋아하고, 신뢰한다. 우리는 상을 잔뜩 쌓아놓고, 몹시 어려운 그 일을 완벽하게 수행하는 사람들을 향해 환호성을 지른다. 우리는 특별히 명확한 표현을 구사하는 사람들을 높이 존중한다. 그들이 엄청난 웅변력으로 청중을 사로잡는 모습을 보면 그들의 삶이 위대하게 생각된다.

그러나 바울은 사랑이 없이도 장엄하고, 웅장한 웅변력을 발휘할 수 있다고 말한다. 그런 말, 곧 기독교적인 사랑의 덕목을 갖추지 못한 말은 하나님의 귀에 아름다운 음악이 아닌 한갓 소음에 지나지 않는다. 바울은 계속해서 "내가 예언하는 능력이 있어 모든 비밀과 모든 지식을 알고 또 산을 옮길 만한 모든 믿음이 있을지라도 사랑이 없으면 내가 아무것도 아니요"(고전 13:2)라고 덧붙였다. 그는 지금 열매가 아닌 은사, 곧 우리가 하나님으로부터 받은 능력에 관해 말하고 있다. 우리는 그런 은사와 능력을 받을 만한 본질적인 가치를 지니고 있지 않다.

교육 수준이 높고, 많은 지식을 알고 있어도 신앙생활의 주된 덕목인 사랑이 없는 경우가 얼마든지 있을 수 있다. 바울은 교육을 가장 많이 받은 유대인으로서 이 글을 썼다. 그는 스물한 살의 나이에 박사학위 두 개에 버금가는 실력을 갖추었다. 그는 엄청난 지식을 소유한 사람이었고, 예수님 다음으로 가장 위대한 신학자였다. 그러나 그는 사랑이 없으면 그 모든 지식이 무가치하다는 것을 깨달았다. 바울은 수사력이나 지식이나 지혜나 믿음을 무시하지 않았다. 그것들은 다 좋고, 중요한 것들이다. 그러나 그런 것들이 사랑이 없이 발휘된다면 아무런 가치나 유익이 없다. 사랑이 없으면 우리는 아무것도 아니다.

바울은 또한 "내가 내게 있는 모든 것으로 구제하고 또 내 몸을 불사르게 내줄지라도 사랑이 없으면 내게 아무 유익이 없느니라"(고전 13:3)라고 말했다. 사람들의 칭찬을 가장 쉽게 받을 수 있는 방법은 그것을 돈으로 사는 것이다. 바울의 말에 따르면, 사랑이 없어도 얼마든지 관대하게 베푸는 사람으로 알려질 수 있다. 다시 말해, 병원이나 교회를 지을 돈을 기부하거나 십일조를 바치는 일은 사랑이 없이도 할 수 있다. 그런 식으로 사랑 없이 물질을 기부하는 행위는 아무런 유익이 없다. 바울은 심지어 내 몸을 불사르게 내어주는 일, 즉 믿음을 위해 순교하는 일조차도 사랑이 없이 할 수 있다고 솔직하게 말했다. 나를 과시할 목적으로 그런 일을 할 수 있다. 내가 그런 일을 할 수 있는 이유는 영웅이 되고 싶어서다. 그러나 사랑이 없이 그런 일을 한다면 무슨 유익이 있을까? 아무런 유익이 없다.

바울이 지금까지 말한 내용은 모두 본론에 들어가기 위한 서론에 해당한다. 그는 처음부터 신앙생활에 사랑이 얼마나 중요한 비중을 차지하는지를 분명하게 밝혔다. 거듭 말하지만, 성령의 첫 열매는 바로 사랑이다. 어떤 점에서 보면, 다른 성령의 열매들은 모두 참된 사랑의 현실을 외적으로 드러내 보인 것에 불과하다. 참된 사랑을 지닌다면 참된 기쁨과 평화를 지닐 수 있다. 나머지 열매들은 기독교적 사랑이 나타난 결과다. 이것이 바울이 사랑을 그토록 강조한 이유다. 그는 사랑이 율법을 이루었다는 말을 여러 번 했다(롬 13:10, 갈 5:14 참조). 사랑은 모든 의를 독려하는 원동력이다. 모든 미덕이 사랑에서 비롯한다.

다른 사람들에 대한 사랑은 하나님에 대한 사랑에서 자연스럽게 우러나온다. 예수님은 친히 "네 마음을 다하고 목숨을 다하고 뜻을 다하여 주 너의 하나님을 사랑하라"와 "네 이웃을 네 자신 같이 사랑하라"(마 22:37, 39)를 가장 큰 두 가지 계명으로 가르치셨다. 마음을 다해 하나님을 사랑하면서 이웃을 미워하는 것은 있을 수 없다(요일 4:20). 그 둘은 서로 양립할 수 없다. 이웃과의 수평적인 관계는 하나님과의 수직적인 관계에서 자연스레 비롯한다. 기독교 윤리의 핵심, 곧 성화의 핵심은 사랑의 열매를 신장하고, 발전시키는 것이다. 바울은 사랑의 역할이 얼마나 중요한지, 또 그것이 기독교적 삶과 어떤 관련을 맺고 있는지를 보여준다.

그는 계속해서 고린도전서 13장에서 사랑의 본질을 설명한다. 그는 먼저 사랑이 얼마나 중요한지를 설명하고 나서 "참된 사랑은 무엇인가? 무엇이 그 본질인가?"라는 질문을 다루기 시작한다. 바울은 우리 스스로 그 대답을 추론하도록 내버려 두지 않는다. 그가 가장 처음에 한 말은 "사랑은 오래 참고"였다 (고전 13:4).

사랑이 성령의 열매, 구체적으로 말해 인내의 열매와 연결된 것을 알 수 있다. 바울은 사랑을 다른 성령의 열매와 연결했고, 그가 사랑을 처음 설명한 말은 '오래 참고'였다. 이것은 무슨 의미일까? 우선, 사랑은 '짧게 참는' 것이 아니라고 말할 수 있다. 이 말에는 누군가가 처음으로 나를 화나게 했거나 해롭게 했을 때도 그 사람을 쉽게 외면해서는 안 된다는 의미가 담겨 있다.

우리의 인간관계를 잠시 돌아보면, 우리가 다른 사람들보다 일부 특정한 사람들에게 훨씬 더 많은 인내를 발휘하는 것을 알 수 있다. 만일 오랫동안 사귀어온 친구가 우리를 괴롭히거나 귀찮게 한다면 우리는 어떤 반응을 보일까? 그런 경우에는 "프랭크는 원래 그래. 그것은 그의 타고난 성격 때문이야. 우리는 단짝 친구지. 모든 사람이 죄를 지어. 우리는 모두 인간이야."라고 생각할 가능성이 크다. 우리는 친한 친구들에게는 마음을 너그럽게 쓰는 경향이 있다.

그러나 생전 처음 만난 사람이 똑같은 잘못을 저질렀을 때는 "저런 사람과는 친구가 되고 싶지 않아."라고 말할 것이 틀림없다. 우리가 그런 사람을 좋아하지 않는 이유는 그런 식의 성격 특성 때문에 귀찮은 일을 당하는 것을 원치 않기 때문이다. 우리는 다른 사람들의 자녀들에게는 용납해주지 않을 일을 우리의 자녀들에게는 기꺼이 용납해준다.

결혼 관계에서도 우리는 결혼생활 밖에서는 쉽게 용납하지 않을 일을 남편이나 아내에게는 기꺼이 용납한다. 그 이유는 서로에게 헌신해왔기 때문이다. 부부는 신성한 서약, 즉 사랑의 언약을 통해 하나로 연합했다. 참된 사랑은 오래 참는 사랑이다. 때로는 "이것이 내게 잘못을 저지른 첫 번째이고, 그다음은 두 번째이고, 세 번째도 또 잘못을 저지르면 당신은 끝이야."라는 식으로 잘못의 숫자를 세려는 유혹을 느끼기도 한다.

그러나 오래 참는 사랑을 지녔다면 심지어 일흔일곱 번을 잘못 하더라도 사랑으로 인내할 것이 틀림없다.

   기독교적 사랑이 오래 참는 속성을 지니는 이유는 무엇일까? 인간적인 사랑도 정치적 동기나 기타 여러 가지 세속적인 이유로 오래 참는 힘을 발휘할 수 있다.

> "기독교적 사랑이 오래 참는 이유는 그것이 곧 그리스도를 본받는 것이고, 나아가 하나님을 본받는 덕목이기 때문이다."

   오래 참는 것은 하나님의 주된 속성 가운데 하나다. 하나님이 강퍅한 백성들에 대해 오래 참고, 노하기를 더디 하신다고 말씀하는 성경 구절이 얼마나 많은지 모른다.

   스스로에게 "내가 구원받기 전에 하나님이 나의 불신앙을 얼마나 오랫동안 참아주셨는가? 하나님이 지금도 여전히 남아 있는 나의 죄를 얼마나 오랫동안 참아주고 있으신가?"라고 물어보라. 하나님의 오래 참는 사랑이 아니었다면, 우리는 모두 멸망했을 것이다. 만일 하나님이 우리가 다른 사람들을 대할 때처럼 우리를 조급하게 다루셨다면 우리는 지옥에서 멸망했을 것이다. 하나님은 "보라, 나는 너희를 줄곧 사랑해 왔다. 너희의 불순종과 신성모독과 죄를 오랫동안 참아주었다. 나는 여전히 너희를 사랑한다. 나는 여전히 너희에게 은혜롭고, 선하다. 나는 여전히 너희를 좋아한다."라고 말씀하신다.

하나님은 그런 분이시다. 하나님은 오랫동안 고통을 견디며 참는 분이시다. 그것이 하나님이 자신의 사랑을 나타내시는 방식이다. 하나님은 인내로 사랑을 베푸신다. 그분의 인내는 짧지 않다. 하나님은 우리가 하는 일이나 하지 않는 일로 인해 행복이나 기쁨이나 즐거움을 잃지 않으신다. 우리는 궁극적인 의미에서 하나님을 고통스럽게 만들 수 없다. 그런데도 고통이라는 말은 하나님과 관련해 의미 있게 사용된다. 예를 들어 우리는 성령을 근심하시게 할 수 있고(엡 4:30), 그분을 소멸할 수 있다(살전 5:19).

우리도 오랫동안 인내해야 할 뿐 아니라 오랫동안 고통을 견뎌야 한다. 사람들이 우리를 고통스럽게 하지 않는 때만, 그들의 죄와 결함을 참아주는 것으로는 충분하지 않다. 오랫동안 고통을 견디며 참는다는 것은 상처와 괴로움을 겪으면서도 사랑을 베푸는 것을 의미한다. 우리는 고난을 받으라는 부르심을 받았다(벧전 2:21). 그런 사랑은 하나님을 본받는 것이고, 그분에게서 능력을 얻는 것이기 때문에 강력한 힘을 발휘한다. 그리스도인들이 하나님의 성품을 충실하게 반영하면 세상이 눈여겨본다. 우리가 서로 사랑하면 세상이 우리가 하나님의 소유라는 것을 안다(요 13:35).

온유의 열매

바울은 고린도전서 13장 4절에서 "사랑은 오래 참고 사랑은 온유하며"라고 말했다. 말이 이상하게 조합된 것처럼 느껴진다. 바울이 오래 참는 것을 또 다른 성령의 열매인 '온유'와 결합한 이유는 사실 그 둘이 서로 짝을 이루기 때문이다. 다른 사람들의 적대감이나 상처를 수동적으로 견딜 수도 있고, 또 고통을 당하면서 복수할 생각으로 분노를 표출하며 거칠게 반응할 수도 있다. 그런 태도는 성경이 가르치는 오래 참는 것과는 거리가 멀다. 바울은 인내와 온유로 반응하라고 요구한다.

그렇다면 어떤 사람이 온유한 사람일까? 온유한 사람은 무례하지 않고, 가혹하지 않으며, 비열하지 않다. 그런 사람은 마음이 너그럽고, 사람들을 염려하고, 아낀다. 그런 사람은 다른 사람들을 배려하는 마음이 크고, 친절하다. 나의 삶을 돌아보면 아버지가 생각난다. 그는 매우 강인한 사람이었다. 그러나 아버지에게서 발견되는 가장 뚜렷한 두 가지 특징은 내가 지금껏 본 사람 중에서 가장 너그럽고, 친절하다는 것이다.

나는 아버지 때문에 "강인함과 친절함, 힘과 부드러움이 어떻게 조화를 이룰 수 있을까?"라는 생각을 많이 했다. 사실, 하나님도 그런 분이시다. 그것이 그분의 성품이다. 힘이 강할수록 친절을 베풀기가 더 쉬워진다. 힘이 강하면 위협을 느끼지도 않고, 거칠고, 비열한 태도로 다른 사람들에게 보복을 가하지도 않는다. 나의 아버지는 내게 하나님의 온유하심을 일깨워 주었다. 아버지는 종종 나를 꾸짖고, 훈계했다. 그는 목소리를 크게 내거나 분노를 드러내지 않고서도 나를 쉽게 굴복시킬 수 있었다. 그는 내가 잘못을 인정하면 매우 부드럽게 격려했다. 그러면 나는 날아갈 듯 가벼운 마음으로 "다음에는 좀 더 잘 해야지."라고 다짐하며 자리에서 일어섰다. 아버지는 그런 식으로 나를 깨우쳤다. 그의 태도는 매우 온유했다.

아마도 이 책을 읽는 사람들 가운데 그와 정반대되는 경험을 한 사람들이 많을 것이다. 그런 사람들은 부모에게 친절하고, 온유한 대접을 받지 못하고 자랐다. 우리는 모두 친절하고, 온유한 대접을 받기를 좋아한다. 안타깝게도 진정으로 온유한 사람은 매우 드물다. 그러나 성경은 온유를 인내와 오래 참음과 함께 사랑을 나타내는 방식으로 제시한다. 온유는 사랑의 결과다. 사랑은 불친절하거나 비열하지 않다.

이런 사실은 고린도전서 13장 4절의 다음 문구인 '시기하지 아니하며'와 자연스레 연결된다. 어서 천국에 가서 바울 사도에게 "이 말을 한 이유가 무엇인가요? 왜 이런 순서로 말했나요? 그런 식으로 생각을 전개한 이유를 좀 설명해 주세요."라는 신학적인 물음을 묻고 싶다. 이것이 우리가 성경을 공부할 때 생각해야 할 점이다. 우리는 이 가르침의 내용과 이유를 이해해야 한다. 그러나 내가 보기에는 좀 이상하고, 부자연스럽게 보인다. 바울은 사랑의 본질을 설명하면서 오래 참음과 온유를 거쳐 시기하지 않는 것을 사랑을 나타내는 방식으로 제시했다.

아마도 그가 그렇게 한 이유는 현실과 미덕에 관한 그의 관점이 오늘날의 문화적 관점과 달랐기 때문일 것이다. 성경에서 크게 강조되고 있는 미덕과 악덕들을 생각해 보라. 그러면 시기가 큰 죄라는 것을 알 수 있을 것이다. 하나님은 시기와 질투와 탐심을 인간 사회와 관계를 파괴하는 특별한 죄로 간주하신다. 날마다 시기심 때문에 얼마나 많은 해악이 초래되는지 상상하기조차 어렵다. 어떤 사람이 다른 사람의 지위나 평판이나 소유를 시기하거나 어떤 나라가 다른 나라의 국가적 지위나 부를 시기하면 다툼이 일어나고 전쟁이 벌어진다. 수많은 사람이 목숨을 잃는 이유는 살인과 도둑질을 충동하는 증오심이 시기와 질투에서 비롯하기 때문이다.

도둑질은 악하다. 이웃은 수고하며 돈을 벌어 가족들을 즐겁게 하는 데 나는 일해서 돈을 벌려고 하지 않고 이웃이 가진 것을 갖고 싶어 한다면 결국은 그것을 훔칠 수밖에 없다. 그것은 다른 사람의 소유를 훔쳐 나를 위해 사용하는 악행이다.

그런 행위를 하는 사람이 거울에 자신의 모습을 비춰보면 이기적인 모습 외에 달리 무엇을 볼 수 있겠는가? 자기가 다른 사람의 재산을 훔쳤다는 것을 알면 스스로를 경멸할 수밖에 없지 않겠는가? 어쩌면 그들은 "나는 이것을 가질 권리가 있고, 그들은 없어."라는 생각으로 자신의 행위를 정당화하려고 할 수도 있다. 그러나 그들이 그런 충동을 느끼는 이유는 순전히 시기심(즉 "내가 가지지 못한 것을 그들이 가지고 있으니 질투가 나. 돈을 모아 그것을 사지 말고 그들의 것을 빼앗자."라는 생각) 때문이다.

어떤 점에서 기물 파괴행위는 도둑질보다 더 나쁘다. 기물 파괴자들은 "그들이 가진 것을 훔칠 수도 없고, 빼앗을 수도 없어. 내가 저것을 즐길 수 없다면 그들도 즐기지 못하게 할 거야."라고 생각한다. 그런 사람들이 멋진 차가 주차된 것을 보고 열쇠로 그 차의 측면을 긁어 상하게 만드는 이유는 무엇일까? 다른 사람의 재산을 파괴하거나 망가뜨려서 무슨 즐거움을 얻을 수 있을까? 무엇 때문에 그들은 그런 파괴적인 행위를 저지르는 것일까? 바로 "내가 즐길 수 없다면 다른 사람들도 즐기지 못하게 할 거야."라는 시기심 때문이다. 우리가 따라야 할 기독교 윤리는 다른 사람은 승진하고 나는 못했을 때도 기뻐하고, 다른 사람은 벼락부자가 되고 나는 그렇지 못했을 때도 기뻐하라고 가르친다. 우리는 우는 자들과 함께 울고, 기뻐하는 자들과 함께 기뻐하며, 다른 사람들이 나보다 더 잘 살기를 바라야 한다(롬 12:15, 빌 2:4). 예수님은 가장 훌륭한 본보기이셨다. 그분은 우리를 위해 자신의 영광과 소유와 부를 모두 버리시고, 자기를 비워 종이 되셨다(고후 8:9, 빌 2:5-7).

우리에게 예수님이 시기하실 만한 것이 있다고 생각하는가? 내가 한 일 가운데 그분을 질투하시게 만들 수 있는 것이 있을까? 예수님은 시기할 필요가 없으시다. 그분은 우리에게 속한 것을 이기적으로 탐하지 않으신다. 사랑이 시기하지 않는 이유는 시기가 사랑과 반대되기 때문이다. 다른 사람들의 재산이나 지위가 탐나 나의 만족을 위해 그것을 빼앗는다면 어떻게 그들을 사랑할 수 있겠는가? 그것은 사랑이 아니다. 시기심은 사랑과 절대로 양립할 수 없다.

바울이 고린도전서 13장 4절에서 사용하는 논리 전개 방식에 주목하라. 그는 긍정과 부정을 번갈아 사용하고 있다. 그는 먼저 긍정적인 것을 말한 다음에 부정적인 것을 말함으로써 기독교적 사랑의 본질을 설명하고, 묘사했다. 사랑이 무엇인지 알고 싶으면 사랑인 것과 사랑이 아닌 것을 살펴보면 된다. 사랑은 오래 참는다. 사랑은 온유하다. 그러나 사랑은 시기하지 않는다. 어떤 개념을 이해하려면 그 개념을 다른 개념들과 구별하는 방법을 배우는 것이 중요하다. 다른 것들과 유사한 점이 무엇이고, 다른 점이 무엇인지를 파악해야 한다. 바울은 그런 방식을 적용해 사랑의 본질을 설명했다.

겸손한 사랑의 열매

고린도전서 13장 4절은 계속해서 "사랑은 자랑하지 아니하며 교만하지 아니하며"라고 말씀한다. 사랑은 자기를 과시하지 않으며 자만하지 않는다. 우리의 힘이나 아름다움이나 부를 과시하는 것을 어떻게 사랑으로 일컬을 수 있겠는가? 다른 사람들에 대해 자만심을 가진다면 누구를 사랑하는 것이 될까? 그것은 우리 자신을 사랑하는 것이다. 우리는 관심의 중심이 되고 싶어 한다. 시기심, 자만, 교만한 자기 과시는 모두 이기심의 표현이다. 그런 것들은 이타적이 아닌 자기중심적이다. 다른 사람들을 사랑하려면 우리 자신을 높이려고 해서는 안 된다. 우리는 다른 사람들의 덕을 세워야 한다. 그것이 사랑이다.

성경은 교만에 대해 많이 말씀한다. "교만은…"으로 시작하는 잘 알려진 성경 구절이 하나 있다. "교만은…"이라고 말하면 사람들은 대부분 "넘어짐의 앞잡이니라"라고 대답할 것이다. 하지만 그것은 잠언의 말씀을 짧게 단축한 것이다. 성경은 교만에 대해 "교만은 패망의 선봉이요 거만한 마음은 넘어짐의 앞잡이니라"(잠 16:18)라고 말씀한다. 우리는 그 말씀을 간단히 축소해 "교만은 넘어짐의 앞잡이니라"라고 말하지만 그것을 온전히 말하면, 교만은 패망의 지름길이요 넘어짐의 앞잡이다. 야고보는 "하나님이 교만한 자를 물리치시고 겸손한 자에게 은혜를 주신다 하였느니라"(약 4:6)라고 말했다.

"인간의 속성 가운데 교만과 겸손은 서로 대조된다. 그 둘은 서로 정반대다. 거만과 오만은 교만의 개념을 지닌 속성이다."

"왜 우리는 그토록 교만한가? 우리는 무엇을 자랑해야 하는가?"라고 물어봐야 할 필요가 있다. 바울은 다른 곳에서 "자랑하는 자는 주 안에서 자랑하라"(고전 1:31)라고 말했다. 그는 또한 우리 자신을 실제보다 더 낮게 생각해서는 안 된다고 가르쳤다. 우리는 우리 자신의 강점과 약점, 은사와 결함을 있는 그대로 엄정하게 평가해야 한다(롬 12:3). 우리는 우리 자신의 능력을 정직하게 평가해야 한다.

우리의 가치와 능력을 정직하게 평가하려면 그것들을 측정할 수 있는 기준이 필요하다. 성경은 두 가지 기준을 제시한다. 우선 모든 미덕을 판단하는 궁극적인 기준은 하나님 자신이시다. 또한 우리는 하나님이요 사람이신 예수님의 인격과 사역을 바라봐야 한다. 그런 기준으로 우리 자신을 평가하면 어떤 결론에 도달할까? 자랑할 것이 아무것도 없다는 결론에 도달할 것이 분명하다.

우리 자신을 하나님과 비교하면 성경이 인간성의 저급함을 생생한 표현으로 묘사하는 것이 조금도 놀랍지 않게 느껴진다. 시편 저자는 그런 저급함을 의식하고 "나는 벌레요"(시 22:6)라고 부르짖었다. 우리가 벌레만큼 비천하다고 말하는 것은 인간성의 가치를 폄하하는 것처럼 들린다. 벌레로 불리는 꿈틀대는 더러운 생물을 생각해 보라. 그것보다 더 비천한 것은 찾아보기 어렵다. 어떤 성경 인물들은 가슴을 두드리며 "보라, 나는 벌레요"라고 말했다. 예수님도 동시대 사람들을 보면서 그들을 '뱀들'로 일컬음으로써 그렇게 평가하셨다(마 23:33).

칼빈은 인간의 부패한 본성을 논하면서 신랄한 표현을 어린아이들에게 적용했다. 그는 인간이 원죄를 지닌 채 부패한 상태로 태어난다고 설명하면서 어린아이들이 쥐들만큼 부패했다고 말했다. 나는 여기에서 이 점에 대해서는 칼빈의 견해에 동의하지 않는다고 공식적으로 밝히고 싶다. 나는 위대한 종교개혁자인 그가 잠시 실수로 그렇게 말했다고 생각한다. 그 이유는 그가 쥐를 옳게 평가하지 못했기 때문이다. 쥐는 단지 쥐가 하는 일을 하고 다닐 뿐이다. 쥐는 자연의 법칙에 따라 고양이 앞에서 도망하고, 치즈를 훔쳐 먹고, 쓰레기더미를 뒤지며 시간을 보낸다. 쥐는 그런 식으로 살도록 창조되었다.

쥐는 창조주에게 항변하지 않는다. 하나님의 아들이 세상에 계실 때 그분을 죽이자고 모의한 쥐는 단 한 마리도 없었다. 사람들은 자연의 부패성과 오염으로 인한 생태학적 문제에 관심이 많다. 만일 가장 심각한 오염 인자를 없애고 싶다면 피리 부는 사람을 불러 쥐들을 없앨 생각을 해서는 안 된다. 지구를 진정으로 정화하려면 사람들을 없애야 한다. 왜냐하면 인간이야 말로 이 세상에 악과 사악함을 퍼뜨리는 장본인이기 때문이다. 우리는 우리 자신을 그런 식으로 생각하기를 원하지 않기 때문에 칼빈이나 내가 그렇게 말하는 소리를 들으면 경악할 수밖에 없다.

물론, 쥐들이 인간보다 더 고등한 동물이라고 말할 생각은 없다. 성경은 인간에게 부여된 높은 존엄성을 인정한다. 우리는 창조 질서 안에서 천사보다 조금 못하게 창조되었다(시 8:5). 쥐를 포함한 모든 동물과 지구를 다스리는 권한이 인간에게 주어졌다. 인간이 우주 안에서 차지하는 지위는 쥐보다 높다. 하나님은 쥐보다 인간에게 존귀함을 더 많이 허락하셨다. 그러나 이것이 우리의 죄를 그토록 심각하게 만드는 이유다. 하나님이 우리에게 높은 지위를 부여하신 것에 대해 우리는 깊이 감사하며 겸손해야 한다. 그러나 창조주께서 우리에게 높은 존엄성을 부여하셨는데 우리는 오히려 그것을 사탄을 본받는 기회로 삼아 교만으로 치우쳤다. 성경은 인간보다 더 우월하게 창조된 천사였던 사탄을 타락으로 이끌어 하나님께 반역하게 만든 죄가 교만이었다고 말씀한다(사 14:12-15; 겔 28:12-19).

뱀이 에덴동산에서 아담과 하와를 유혹할 때도 교만한 마음을 부추기는 방법을 사용했다. 뱀이 아담과 하와를 어떻게 유혹했는지 기억하는가? 뱀은 "너희가 그것을 먹는 날에는…하나님과 같이 될 것"이라고 말했다(창 3:5).

"인간이 저지른 최초의 죄가 교만, 즉 하나님의 권위에 겸손히 복종하기를 거부한 죄였다."

우리 자신을 하나님의 성품에 비춰보면, 곧 우리를 하나님의 거룩하심이라는 거울에 비춰보면 겸손을 배울 수 있다. 우리 자신의 의나 선이나 공로는 자랑할 것이 아무것도 없다.

성경은 우리를 하나님과 비교해 평가할 뿐 아니라 우리가 맺는 인간관계에 대해서도 종종 말씀한다. 교만은 인간관계를 파괴하는 중대한 죄다. 교만은 사랑을 방해한다.

나도 겸손이 아닌 교만에 사로잡히면 다른 사람들보다 나를 더 좋아하기 시작한다. 다시 말해, 내가 마땅히 소유할 수 있는 것보다 더 높은 지위, 더 높은 권력, 더 많은 칭찬, 더 많은 명예를 원하기 시작한다. 영광과 성공을 추구하기 시작하면 권력과 영광을 둘러싸고 우리와 경쟁하는 사람들을 폄하할 때가 많다. 그렇게 되면 거만하고, 비열하고, 오만한 태도로 다른 사람들을 대하기 쉽다. 교만은 이기심과 밀접하게 관련된다. 우리 자신을 관심의 초점으로 삼는 순간, 교만과 이기심에 사로잡힐 수밖에 없다.

이 점과 관련해서, 신약성경은 혁신적인 윤리를 제시한다. 신약성경은 이 세상 모든 사회의 관습과 실천행위와는 정반대되는 기준을 설정한다. 나보다 남을 더 낫게 여기라는 것이 신약성경의 가르침이다(빌 2:3). 예수님이 바리새인들의 교만을 얼마나 자주 책망하셨는지 생각해 보라. 그들은 어떤 식으로 교만을 드러냈을까? 아래의 목록은 마태복음 23장 1-12절에서 간추린 것이다.

- 그들은 경문 띠를 넓게 하고, 옷술을 길게 했다. 왜 그랬을까? 그 이유는 그것이 그들의 지위를 나타내는 상징이었기 때문이다.
- 그들은 다른 사람들의 칭찬과 갈채를 원했다.
- 그들은 회당에서 높은 자리를 얻기 위해 막후에서 서로 책략을 썼다.
- 그들은 영예와 권위의 자리를 얻으려고 애썼다.
- 그들은 오만하고, 거만했다.

- 그들은 그리스도를 미워했다. 그 이유는 그분이 의의 참된 기준을 밝히 보여주셨기 때문이다. 그분이 나타나시자 그들이 과시하던 의가 거짓으로 드러났다.

그리스도께서는 영원하고, 본질적인 영광과 위엄과 영예를 지니셨지만, 자신을 낮춰 아무런 지위도 없는 무명인이 되셨다. 그분은 사람들을 섬기고, 구원하기 위해 자신의 영광과 영예를 버리셨다. 그분은 우리를 구원하기 위해 높아지기보다 낮아짐을 선택하셨다. 우리는 낮아짐을 원하지 않는다. 우리는 그렇게 되기를 싫어한다. 우리는 높아지기를 갈망하고, 갈구한다. 우리는 존귀하게 되기를 좋아한다. 우리는 사람들의 칭찬을 좋아한다. 그러나 그것은 위험한 일이다.

성경은 존귀와 영광과 지위를 구하지 말고, 그것들을 다른 사람에게 주라고 가르친다. 성경은 마땅히 존중해야 할 사람을 존중하라고 말씀한다. 우리는 국가 지도자들을 존중해야 한다(벧전 2:17). 자녀들은 부모를 존중해야 하고(출 20:12), 학생은 교사를 존중해야 하며, 고용인은 고용주를 존중해야 한다. 우리가 존중을 받아야 할 입장일 때도 있고, 다른 사람들을 존중해야 할 입장일 때도 있다. 우리는 하나님이 우리의 관계 속에 확립하신 질서에 따라 처신해야 한다. 마땅히 존중해야 할 사람을 존중하지 않으면 교만이 파멸을 불러오는 결과가 발생한다. 우리는 교만하고, 거만한 자세로 우리에게 주어진 마땅한 지위보다 더 높이 되려고 할 때가 많다.

자신감과 자기 의존은 미묘한 차이가 있다. 자신감은 미덕의 차원에서 말하면, 우리의 능력을 정직하게 평가할 수 있는 능력을 의미한다. 교만은 불안감에서 비롯할 때가 많다. 예를 들어 자신이 없는데도 마치 자신이 있는 척 꾸미거나 다른 사람들을 위협함으로써 억지로 자신이 있는 것처럼 보이려고 할 때는 불안해질 수밖에 없다. 사랑은 그렇지 않다. 사랑은 거만하지 않다. 사랑은 지위나 부나 재능이나 권력을 과시하지 않는다. 그리스도께서 겸손하셨던 것처럼 사랑은 겸손하다.

각자 자기 자신의 교만이나 다른 사람의 교만 때문에 자신의 삶이 얼마나 파괴되었는지 한 번 생각해 보라. 교만을 물리치려면 하나님이 어떤 분이시고, 우리가 어떤 사람인지를 이해해야 한다. 이것이 교만을 극복하는 유일한 방법이다. 하나님의 성품을 더 많이 이해하고, 우리가 그분 앞에서 어떤 사람인지를 더 깊이 이해할수록 겸손한 사랑으로 성령의 열매를 맺을 수 있는 능력과 성품을 갖출 수 있다.

절제의 열매

바울은 고린도전서 13장 5절에서 "무례히 행하지 아니하며 자기의 유익을 구하지 아니하며 성내지 아니하며"라고 말했다. 일부 번역 성경은 사랑은 자기의 것을 구하지 않는다고 번역했다(『킹 제임스 성경』, 『새 국제역 성경』, 『새 미국 표준역 성경』). 우리의 필요보다 다른 사람의 필요를 먼저 생각해야 한다. 절제의 미덕을 갖춘 사람은 자신이 처한 다양한 상황에 맞게 적절히 행동한다. 다투기를 좋아해서는 안 된다. 다른 사람들의 의견이 우리의 의견과 충돌할 때도 그들의 의견을 존중해야 한다. 누구에게나 배울 점이 있다는 것을 인정해야 한다.

그리스도인은 잘 배우는 사람이 되어야 한다. 교수나 목회자나 부모만이 아니라 어린아이나 친구들은 물론, 심지어는 원수들에게서도 배울 수 있다. 다른 사람들보다 내가 더 잘 아는 일들이 있지만 나보다 어떤 것을 월등히 더 잘 아는 사람들이 항상 있기 마련이다. 나는 내가 지금까지 만난 모든 사람을 통해 삶에 대한 새로운 통찰력과 공예와 기술과 아이디어를 배울 수 있다. 그러나 우리 자신에게만 관심을 기울여 하나님이 다른 사람들 안에 두신 아름다움을 보지 못하면 그들로부터 아무것도 배울 수 없다.

사랑은 겸손하다. 사랑은 다른 사람들의 이익을 구한다. 그런 사랑은 우리 스스로 만들어낼 수 없는 성령의 열매다. 믿음의 외적 증거를 꾸준히 추구하면 우리의 영적 성장을 측정할 수 있는 기준이 성령의 열매를 통해 가장 분명하게 드러날 것이다. 이번 장에서 사랑을 주로 다룬 이유는 믿음, 소망, 사랑 중에서 사랑이 '제일'이기 때문이다(고전 13:13). 다음 장에서는 다른 성령의 열매를 잠시 생각해 보자.

기독교의 덕성은 모두 궁극적으로 하나님의 성품에 근거한다. 성령의 열매는 우리 안에서 나타나는 하나님의 거룩하고, 의로운 성품을 가리킨다.

7장.

성령의 열매를 맺어라

사랑은 은사이자 열매

성경은 사랑이 은사이자 열매라고 가르친다. 사랑은 성령의 열매 가운데서 첫 번째를 차지한다.

그 뒤에 언급된 두 가지는 희락과 화평이다. 아무런 설명 없이 그런 미덕을 살펴보면 이해하기가 어려울 수 있다. 바울 사도가 여기에서 말하는 희락은 어떤 희락일까? 그는 어떤 화평을 염두에 두고 말했을까? 성경에 언급된 '희락'이라는 용어를 연구해보면, 성경이 그 말을 매우 다양한 의미로 사용하고 있는 것을 알 수 있다. 바울은 구체적으로 어떤 희락을 염두에 두고 말했을까?

희락은 명랑한 성격적 특성과 관련이 있다. 간단히 말해, 성령께서는 뚱하거나 시무룩하거나 냉소적이지 않으시다. 성령께서 신자들 안에 거하시면 영혼 안에 있는 '아가페' 사랑으로 그들의 성격적 특성이 새롭게 형성된다. 그 결과 가운데 하나가 명랑한 성격이다. 종교개혁자 칼빈은 희락이라는 성령의 열매를 '환희'를 뜻하는 라틴어(힐라리타스, hilaritas)를 사용해 표현하기를 좋아했다.

이 희락은 승리를 축하하는 의미를 지닌다. 예수님은 "담대하라 내가 세상을 이기었노라"(요 16:33)라고 말씀하셨다. 희락의 열매는 경박하거나 피상적인 태도와는 거리가 멀다. 그것은 기독교 공동체 안에서 종종 발견되는 인위적인 행복과는 전혀 다르다. 거짓으로 꾸며낸 가볍고, 피상적이고, 억지스러운 기쁨이 있다. 사람들은 그리스도인들에게 행복하고, 즐거운 모습을 기대한다. 우리는 때로 거짓으로 기쁨을 꾸며 믿지 않는 사람들의 빈축을 산다. 그런 기쁨은 진정성이 없는 피상적인 인상을 풍긴다. 요즘 우리는 진짜가 아닌 가짜 그리스도인 같은 모습으로 비칠 때가 많다.

성령의 열매를 맺는 참 신자들에게서 특징적으로 나타나는 기쁨은 중요한 사실을 깨닫게 된 데에서 비롯하는 기쁨이다. 그것은 신랑과 신부의 기쁨이요, 혼례의 행복이다. 그것은 축하의 기쁨이다. 가장 먼저 축하해야 할 것은 그리스도의 승리다.

그리스도께서는 세상을 이기셨다. 그 사실을 마음속 깊이 생각하면 그리스도께서 거두신 우주적인 승리의 결과들이 우리의 심금을 울려 기뻐할 수 있는 능력을 준다. 그런 기쁨은 끔찍하고, 두려운 상황 속에서도 사라지지 않는다. 물론, 우리는 비극적인 사건을 기뻐하지 않는다. 우리는 고통의 와중에서 즐거워하지 않는다. 오히려 그리스도인은 애통해하는 법을 배워야 한다. 성경은 "초상집에 가는 것이 잔칫집에 가는 것보다 나으니"(전 7:2)라고 말씀한다. 그럼에도 불구하고, 신자 안에는 여전히 사라지지 않는 기쁨이 깊이 잠재되어 있다. 신자의 기쁨은 그리스도의 궁극적인 승리와 그 승리가 신자 개인에게 주는 의미에 근거한다.

이런 사실은 신약성경에 나오는 이야기 하나를 생각나게 한다. 예수님은 제자들을 보내 복음을 전하게 하면서 기적을 행하는 놀라운 능력을 부여하셨다. 그분은 그들을 보내 귀신을 쫓아내고, 질병을 치유하게 하셨다. 그들은 전에는 그런 능력을 지니지 못했다. 그리스도께서 와서 2주 동안 기적을 행하는 능력을 주셨다고 한 번 생각해 보라. 얼마나 신나는 일이겠는가? 제자들은 귀신 들린 사람들을 발견하고, "귀신아, 물러가라!"라고 외쳤다. 그러자 귀신들이 두려워 떨며 도망쳤다. 그들은 귀가 먹은 사람들에게 다가가서 "들어라!"라고 소리쳤다. 그러자 그들이 듣게 되었다. 제자들은 기뻐하며 돌아왔다. 당연한 일이었다. 그러나 예수님은 그들에게 "귀신들이 너희에게 항복하는 것으로 기뻐하지 말고 너희 이름이 하늘에 기록된 것으로 기뻐하라"(눅 10:20)라고 말씀하셨다.

신자가 은혜 안에서 성장하기 시작하면 무엇이 참된 기쁨과 행복을 가져다주는지를 조금씩 깨닫게 된다. 신자의 삶 속에 성령의 열매가 맺히기 시작하면 선한 기쁨의 출처를 진정으로 알게 된다. 다시 말하지만, 신자의 기쁨은 경박하고, 분별없는 현실도피의 수단이 아니다. 그것은 우주적인 현실에 근거한 즐거움이다. 승리가 이미 이루어졌다. 그리스도인의 삶 속에서 다른 것이 아무리 잘못되더라도(즉 불행이나 고통이나 슬픔이 있더라도) 그리스도께서 이루신 일 때문에 그 저변에는 여전히 기쁨이 흐르고 있다.

이런 기쁨과 사랑에는 화평이 뒤따른다. 성경에서 화평의 개념은 모든 것을 아우르는 계시의 차원 가운데 하나다. 그것은 매우 다양한 형태로 나타난다. 화평의 의미가 매우 다양하기 때문에 바울이 구체적으로 어떤 화평을 염두에 두고 말했는지 약간 혼란스러울 수 있다. 구약성경에서 '화평'을 뜻하는 말은 '샬롬'이다. 이 말은 만날 때와 헤어질 때 인사말로 사용할 만큼 유대인들에게 매우 중요했다. '샬롬 알레이켐'은 '당신에게 평화가 있기를'을, '알레이켐 샬롬'은 '당신에게도 평화가 있기를'을 각각 의미한다. 그들은 "안녕하세요"나 "잘 가요"가 아닌 "평화가 있기를 바랍니다"라고 말했다.

또한 평화는 전쟁의 참화가 멈춘 후의 안전한 시기를 가리키기도 했다. '로마의 평화'(팍스 로마나, Pax Romana)는 로마 제국의 지배 아래 서구 사회가 오랫동안 평화를 누렸던 시기였다. 계속되는 전쟁으로 인한 불안이 유대 민족에게 심각한 영향을 미쳤기 때문에 그들은 전쟁이 끝나기를 간절히 바랐다. 그들은 모든 전쟁이 그치고 칼을 쳐서 보습을 만들 날을 고대했다(사 2:4, 9:5). 심지어 구원사의 현 단계에서조차도 이스라엘 땅은 아직 평화롭지가 못하다. 구약성경은 이스라엘 백성들에게 "예루살렘을 위하여 평안을 구하라"(시 122:6)라고 명령한다.

평화는 구약성경에서 구원과 거의 동의어로 사용되었다. 그것은 하나님과 인간의 관계 및 인간들끼리의 관계가 새롭게 개

선되었다는 것을 나타낸다. 성경에 따르면, 우리는 본질상 하나님의 원수다(롬 5:10). 이것은 무슨 의미일까? 이것은 우리의 타락한 본성 때문에 하나님과 불화하는 상태에 놓여 있다는 뜻이다. 그뿐 아니라 우리는 동료 인간들은 물론, 우리 자신으로부터까지 소외된 상태다. 우리는 전쟁의 상황 속에서 태어나 성장했다. 민족들의 총성이 멈추었더라도 우리의 마음은 하나님과 싸우고 있다. 우리의 마음은 동료 인간은 물론, 우리 자신과도 계속 싸우고 있다.

그리스도께서는 화목하게 하려고 오셨다. 화목의 개념은 단절을 전제로 한다. 반목이 먼저 있어야만 화목이 성립한다. 우리가 추구하는 궁극적인 평화는 하나님과 우리의 화목이다. 바울은 칭의를 논하면서, "그러므로 우리가 믿음으로 의롭다 하심을 받았으니 우리 주 예수 그리스도로 말미암아 하나님과 화평을 누리자"(롬 5:1)라고 말했다. 그리스도의 십자가와 우리의 회개와 칭의를 통해 하나님과의 관계가 평화롭게 회복된다. 그러나 '화평'으로 불리는 성령의 열매는 그런 평화를 가리키지 않는다.

우리가 하나님과 평화를 누리고, 성령께서 우리 마음속에 거하시고, 사랑하고, 기뻐할 수 있는 능력이 생겨나면 다른 사람들과 평화롭게 살 수 있는 새로운 능력을 지니게 된다. 칼빈은 다투기 좋아하는 태도, 곧 불화의 정신은 성령의 열매와 정반대된다고 말했다. 은혜 안에서 성장하는 사람은 가능한 한 모든 사람과 평화롭게 살라는 사도의 명령을 따른다(롬 12:18). 성숙한 그리스도인은 평화를 사랑한다. 그런 신자에게 "화평하게 하는 자는 복이 있나니 그들이 하나님의 아들이라 일컬음을 받을 것임이요"(마 5:9)라는 그리스도의 축복 선언이 주어진다. 하나님의 아들이 되고 싶으면 평화의 정신을 소유해야 한다.

여기에서 우리는 자칫 심각한 오해와 오류에 빠질 수 있다. 육신적인 생각에서 나온 거짓된 평화가 있을 수 있다. 그런 평화는 다른 사람들을 사랑하는 마음이 아닌 비겁한 마음에서 생겨난다. 위협을 받을 때 갈등이 두려워 평화를 선택하는 사람은 명예롭고, 정의로운 평화를 추구할 수 없다. 그런 평화는 적당히 달래며 비위를 맞추는 것에 지나지 않는다. 구약시대의 이스라엘 민족은 그런 태도를 보였던 거짓 선지자들 때문에 뿌리까지 부패했다. 따라서 하나님은 예레미야를 통해 "그들이 내 딸 내 백성의 상처를 가볍게 여기면서 말하기를 평강하다, 평강하다 하나 평강이 없도다"(렘 8:11)라고 말씀하셨다.

그리스도인이 모든 사람과 평화롭게 지내는 것이 항상 가능한 것은 아니다. 그리스도께서는 바리새인들과 평화롭게 지내지 못하셨다. 그분은 자기를 죽음으로 몰아넣은 사람들과 평화롭게 지내지는 못하셨지만, 항상 평화의 정신을 유지하셨다. 초기 그리스도인들이 사자들에게 던져졌던 로마의 '원형 경기장'(Circus Maximus)에는 평화가 없었다. 당시의 그리스도인들은 평화를 사랑했지만, 이교 문화 속에서 그리스도인으로서 산다는 것은 곧 분쟁의 중심에 서는 것을 의미했다. 우리는 그 점을 깊이 이해해야 한다. 그렇지 않으면 타협하거나 책임을 회피하거나 박해와 시련을 모면하기 위해 거짓 평화를 추구하려는 유혹에 빠질 수 있다. 하나님의 나라를 위해 힘써 싸우기보다 단지 평화를 누릴 생각만 하면 타협을 일삼기 쉽다.

신약성경에 따르면, 우리는 한편으로는 싸우라는 부르심을 받았고(마 10:34-36), 다른 한편으로는 평화를 추구하라는 부르심을 받았다(히 12:14). 그리스도인들이 갈등과 다툼에 휘말리는 것은 어느 정도는 불가피한 일이다. 우리가 혼란에 휘말리는 이유는 그리스도의 십자가 자체가 세상의 걸림돌이 되기 때문이다. 그러나 우리 자신이 다투거나 싸우거나, 호전적이거나 심술궂게 굴어 십자가에 대한 세상의 반감을 증폭시켜서는 곤란하다. 우리는 늘 평화로운 마음과 행실과 태도를 유지해야 한다.

마지막으로, 이해를 초월하는 평화가 있다(빌 4:7). 하나님과의 평화는 세상의 한복판에서도 평화를 누릴 수 있게 해준다. 신자들은 그리스도의 사랑은 물론, 그분의 평화를 소유한다. 이것이 그분이 남기신 유산이다. 그리스도께서 다락방에서 하신 말씀을 기억하는가? 그분은 "너희는 마음에 근심하지 말라 하나님을 믿으니 또 나를 믿으라"(요 14:1)라고 말씀하셨다. 그분은 또한 "평안을 너희에게 끼치노니 곧 나의 평안을 너희에게 주노라 내가 너희에게 주는 것은 세상이 주는 것과 같지 아니하니라"(요 14:27)라고 덧붙이셨다. 이것은 질적으로 다른 초월적인 평화다. 우리의 마음속에 그리스도의 평화를 소유하면 평화로운 태도를 지닐 수 있다. 그러면 그리스도를 영화롭게 하지 못하는 다툼의 정신과 호전적인 성향을 죽여 없앨 수 있다.

인내와 자비

앞 장에서 인내(오래 참음)에 관해 간단히 살펴보았지만, 여기에서 다시 성령 하나님은 조급하게 화를 내는 법이 없으시다는 점을 강조하고 싶다. 기독교의 덕성은 모두 궁극적으로 하나님의 성품에 근거한다. 성령의 열매는 우리 안에서 나타나는 하나님의 거룩하고, 의로운 성품을 가리킨다.

우리는 하나님의 인격 안에서 그런 덕성들의 가장 완전한 형태를 발견한다. 성경은 하나님을 오래 고통을 견디시는 분으로 묘사한다. 오래 고통을 견딘다는 것은 약간 추상적인 인내의 개념을 좀 더 구체적으로 설명해 준다. 인내는 오랫동안 고통을 견디는 능력을 의미한다. 우리가 조급해하는 이유는 더딤의 고통을 참지 못하기 때문이다. 이런 점에서 인내와 오래 고통을 견디는 것은 서로 밀접하게 연관된다. '오래 고통을 견디는 것'으로 번역된 헬라어는 '감정'이나 '열정'을 뜻하는 '투모스'라는 어근에 '큰'을 뜻하는 '마크로'라는 접두어를 붙인 것이다. 따라서 오래 고통을 견딘다는 것은 '큰 감정'을 의미한다. 이것은 사랑을 표현한 것이다. 오래 고통을 견디는 사람은 오랫동안 사랑할 수 있다. '충성'이라는 말도 여기에서 비롯했다.

성경을 읽어보면 단순히 '하나님의 사랑'이라고만 표현한 문구가 많이 등장하지 않는다는 것을 알 수 있다. 항상 그 앞에는 '변함없는'이라는 수식어가 따라온다. 하나님의 사랑은 항상성과 일관성을 지닌다. 사람들의 상호 관계에서는 그런 안정감이 존재하지 않을 때가 많다. 우리를 변덕스럽게 거부하는 사람들 때문에 상처받고, 실망하고, 우울할 때가 많다. 그들은 상황이 좋을 때만 우리에게 헌신하는 척한다. 그러다가 실수나 죄나 갈등이 불거지면 관계가 곧바로 와해되고, 무너진다. 그런 사랑은 오랫동안 유지되지 않는다. 그러나 하나님의 사랑은 항상 변하지 않는다. 그것이 곧 자비다. 사랑은 자비의 열매를 맺는다.

신약성경에서 종종 발견되는 세 가지 용어가 있다. 사람들은 그것들을 마치 동의어처럼 평범한 의미로 사용하지만 사실은 그렇지 않다. 그것들의 개념을 면밀하게 구분하는 것이 중요하다. 그것은 바로 정의, 변호, 보복이다.

정의는 의를 드러내는 것과 관련이 있다. 법정에서 죄와 형벌, 선행과 상급을 균형 있고, 조화롭고, 공평하게 시행할 때 정의가 실현된다. 범죄에 알맞은 형벌이 부과되거나 공로에 알맞은 상급이 주어질 때 정의가 이루어진다. 그것이 정의의 근본적인 의미다. 범죄보다 형벌이 과하거나 공로보다 상급이 적은 것은 불의에 해당한다. 그것은 불의, 곧 부당한 처사다.

이번에는 정의와 변호의 차이를 생각해 보자. 범죄를 저지른 것으로 기소된 사람이 무죄함을 밝힐 때 변호가 이루어진다. 고소가 거짓임을 밝혀 무죄를 입증해주는 것이 변호다. 우리가 오래 고통을 견디며 인내할 때 가장 감당하기 어려운 상처 가운데 하나는 세상의 적대감과 거짓 비난과 중상의 고통을 견디는 것이다. 신자들이 그리스도를 위해 고난을 견뎌야 할 때가 있다. 의를 위한 고난은 고귀한 소명이다.

예수님은 그런 신자들에게 축복을 선언하셨다. 그분은 "나로 말미암아 너희를 욕하고 박해하고 거짓으로 너희를 거슬러 모든 악한 말을 할 때에는 너희에게 복이 있나니 기뻐하고 즐거워하라 하늘에서 너희의 상이 큼이라"(마 5:11, 12)라고 말씀하셨다. 그분은 또한 "하나님께서 그 밤낮 부르짖는 택하신 자들의 원한을 풀어 주지 아니하시겠느냐"(눅 18:7)라고 말씀하셨다. 우리는 거짓 비난을 당할 때 하나님께 우리를 변호해 달라고 담대히 기도하면서 오랫동안 고통을 견디며 인내하는 태도를 보여야 한다.

마지막으로, 복수는 받은 상처를 되갚는 것을 의미한다. 기독교는 정의를 무시하거나 법정의 판결을 거부하지 않는다. 복수는 악을 저지른 자를 징벌하는 것이고, 하나님은 원수 갚는 것이 자기에게 있다고 말씀하신다. 그리고 하나님의 말씀은 거기에서 끝나지 않는다. 그분은 곧바로 "내가 갚으리라"라고 말씀하셨다(롬 12:19). 하나님이 마치 "복수는 걱정하지 말라. 반드시 이루어질 것이다. 나는 너를 변호할 뿐 아니라 너를 거짓으로 비난한 자들을 벌할 것이다. 나는 무죄한 자들의 혐의를 벗겨 줄 뿐 아니라 죄를 지은 자들을 벌할 것이다. 내가 복수할 테니 너는 가만히 있거라."라고 말씀하시는 것처럼 들린다. 하나님은 자기 자신과 자신이 책임을 부여한 세상의 기관들, 곧 법정만이 복수하는 일을 이행하도록 정하셨다.

하나님이 우리에게 복수할 권한을 허락하지 않으신 이유는 무엇일까? 그 이유는 무차별한 보복을 감행하려는 성향이 우리 안에 깊이 내재해 있기 때문이다. 그러나 성령의 열매가 우리 안에서 자라기 시작하면 오랫동안 고통을 견디며 인내하고, 모욕과 상처를 참을 수 있는 능력이 생겨난다. 그것은 곧 그리스도의 발자취를 따르는 것이다. 그분은 오랫동안 고통을 견디는 것이 무엇인지를 가장 분명하게 보여준 본보기이시다. 우리는 우리가 통제할 수 없는 사람들에 대해 더 오래 인내하는 경향이 있다. 그런 경우에는 어쩔 수 없이 참을 수밖에 없다. 그런 인내는 미덕이 아니다. 예수님은 천군천사를 불러 자기를 지키게 할 수도 있었지만 죄인들의 적대적인 태도를 묵묵히 감내하셨다(마 26:53; 히 12:3). 그런 인내를 발휘하려면 은혜가 필요하다. 은혜를 받으면 참지 못하고 힘을 행사할 능력이 있더라도 오래 견디며 인내할 수 있다.

앞서 사랑은 친절하다는 것은 이미 살펴보았기 때문에 여기에서는 많이 언급하지 않아도 될 듯하다. 우리는 친절한 사람들을 보면 어떻게 반응할까? 누군가가 우리를 친절하다고 말하면 어떤 느낌이 들까? 친절은 인내를 드러낸다. 친절한 사람들은 사소한 일에 분노하지 않는다. 그런 사람들은 다투기를 좋아하지 않는다. 친절한 사람은 명랑하고, 온정적인 태도로 다른 사람들을 대한다. 우리 자신이 하나님의 은혜를 받았다는 사실을 진정으로 이해하면 친절할 수밖에 없고, 친절을 베풀려는 마음을 가질 수밖에 없다.

우리가 우리의 아버지요 구원자이신 하나님으로부터 받은 은혜를 잠시 생각해 보자. 다윗은 자신의 죄를 깊이 뉘우치며 하나님을 향해 "하나님이여 주의 인자를 따라 내게 은혜를 베푸시며 주의 많은 긍휼을 따라 내 죄악을 지워주소서"(시 51:1)라고 부르짖었다. 하나님의 은혜가 우리의 유일한 희망이다. 하나님의 은혜가 없다면 우리는 그분 앞에 잠시도 설 수 없다. 따라서 우리도 그런 태도를 지녀야 할 의무가 있다.

무엇이 친절이고, 무엇이 친절이 아닐까? 우리의 기독교 문화 안에서 우리의 우려를 자아내는 문제 가운데 하나는 인색한 태도다. 인색하고, 까다로운 기독교적 환경을 경험해본 적이 있는가? 사소한 죄를 지나치게 따지는 것보다 기독교적 사역을 더 빠르게 경직시키는 것은 없다. 물론, 죄는 죄다. 그러나 심지어 성경도, 기독교 공동체를 파괴하는 탓에 권징이 필요한 중대한 죄와 삶의 과정에서 일상적으로 흔히 발생하는 사소한 죄를 구분한다. 인색한 태도는 미성숙의 증거다. 그것은 아직 익지 않은 풋열매에 불과하다. 사람들이 사소한 잘못을 저지를 때마다 일일이 따지고 가르치려는 유혹을 느끼는가?

친절한 성품은 사소한 잘못을 눈감아준다. 그런 성품의 소유자는 사람들을 불필요하게 나쁘게 보이게 만들려고 애쓰지 않는다. 오히려 그런 사람은 인색한 태도를 버리고, 다른 사람들의 행복에만 관심을 기울인다. 우리는 그리스도께서 우리를 은혜롭게 대하셨다는 사실에서 친절한 태도로 다른 사람들을 대할 수 있는 동기와 능력을 발견한다.

양선과 믿음

이번에는 성령의 또 다른 열매인 '양선'을 잠시 생각해 보자. 바울은 신약성경에서 발견되는 가장 획기적인 말씀 가운데 하나를 기록했다. 그는 "다 치우쳐 함께 무익하게 되고 선을 행하는 자는 없나니 하나도 없도다"라는 말로 인간 타락과 부패의 정도를 분명하게 묘사했다(롬 3:12; 시 14:1, 3, 53:1, 3). "선을 행하는 사람이 하나도 없다고?" 언뜻 생각하면 터무니없게 들린다.

문제는 '선'이라는 말이 상대적인 개념을 지닌다는 데 있다. 윤리는 궁극적으로는 상대적일 수 없지만 '선'이나 '선하다'라는 개념은 기준에 따라 달라진다. 성경적인 관점에서 보면, 하나님은 미덕을 평가하실 때 율법의 요구를 외적으로 이행하는 것만이 아니라 마음의 동기를 살피신다. 신학적인 관점에서 말하는 선행은 하나님을 기쁘시게 하려는 참된 마음으로 그분의 율법이 요구하는 것을 외적으로 이행하는 것을 의미한다.

타락한 사람들, 곧 하나님과의 관계가 단절된 불신자들이 선한 행위를 하는 것처럼 보일 수도 있지만 그들은 자신의 유익이나 인도주의적인 가치 때문에 그렇게 행동할 뿐이다. 그들은 창조주 하나님을 기쁘시게 하려는 마음이 없다. 내적 동기, 즉 마음의 성향이 뒤따르지 않으면 선행의 궁극적인 기준을 충족할 수 없다. 내적 동기와 외적 행위를 모두 고려해 선행을 정의하면 "선을 행하는 자가 하나도 없다."라는 바울의 말은 한치도 틀리지 않는다. 모든 것을 고려하면 거듭나지 못한 사람은 진정한 선을 행할 수 없다. 인간은 궁극적인 의미에서 선을 행할 도덕적 능력이 없다.

양선이 성령의 열매라는 것이 놀랍지 않은가? 하나님은 사람들을 거듭나게 하신다. 그분의 능력이 우리 안에서 역사해 마음의 성향을 바꾸어 놓는다. 회심을 통해 일어나는 가장 극적인 변화 가운데 하나는 선을 지향하는 새로운 성향이 생겨난다는 것이다. 우리가 선을 행하는 이유는 하나님을 기쁘시게 하기를 원하기 때문이다. 하나님이 우리를 의롭게 하시면 마음의 성향이 새로워져 의와 복종의 행위를 할 수 있다. 하나님이 우리에게 성령을 부어주시면 전에 없었던 선을 행할 능력이 생겨난다.

바울이 '양선'을 성령의 열매에 포함시킨 이유는 무엇일까? 그는 그 말을 무슨 의미로 사용했을까? 성경이 가르치는 양선의 의미에는 탁월함을 인식하는 능력이 포함된다. 거듭난 사람은 선한 것, 참된 것, 아름다운 것을 식별하는 능력을 지닌다. 탁월한 것이 나타났을 때 그것을 즉시 알아볼 수 있는 능력은 성화가 이루어지고 있다는 증거 가운데 하나다. 아름다운 것의 참된 본질을 이해하는 능력이 필요하다. 그 이유는 그것이 하나님의 성품이 지니는 질서와 조화로움을 반영하는 것이기 때문이다. 안타깝게도 오늘날의 기독교 공동체 안에서는 아름다운 것을 인식하는 깊고, 심원한 능력이 거의 발견되지 않는다.

하나님이 성막을 어떻게 제작하라고 지시하셨는지 생각해 보라(출 31:1-11 참조). 이스라엘 백성 가운데는 성령의 은사를 받은 재능 있는 사람들이 있었다. 하나님은 모세에게 "내가… 하나님의 영을 그(브살렐)에게 충만하게 하여 지혜와 총명과 지식과 여러 가지 재주로… 만들게 하리라"(출 31:2-5)라고 말씀하셨다. 성막의 기구들은 매우 아름다웠다. 하나님 자신이 건축자셨다. 하나님은 성막을 제작하는 방법을 정확하고, 세세하게 지시하셨다. 성막의 제작은 진리를 상징적으로 생생하게 드러냈다. 아름다운 것은 성막만이 아니었다. 시편도 마찬가지였다. 시편의 노랫말은 지극히 탁월하다. 이스라엘 민족의 장엄한 예배 음악은 아름다운 것에 대한 뛰어난 이해에서 비롯했다.

나는 대성당을 둘러보는 것을 좋아한다. 고딕 건축물에서 풍기는 분위기는 초월적인 느낌을 준다. 그럴 때면 나는 진지한 태도로 묵상에 잠긴다. 대성당은 지극히 높으신 하나님의 본성을 반영한다. 또한 나는 헨델, 멘델스존, 바흐가 작곡한 합창 음악을 좋아한다. 그런 음악의 뛰어난 예술성은 하나님의 영광을 드러낸다. 바흐가 계몽주의를 적극적으로 반대했다는 사실을 모르는 사람들이 많다. 그는 자신의 음악을 의도적으로 기독교를 변증하기 위한 수단으로 사용했다.

또 다른 성령의 열매는 믿음이다. 믿음은 선물이자 열매다. 이것은 많은 의미를 지니는 또 하나의 용어다. 우리는 믿음으로 의롭다 하심을 받는다. 우리는 믿음으로 그리스도와 구원의 관계를 맺는다. 헬라어 동사의 기본 의미는 '믿다, 신뢰하다'이다. 우리는 갈수록 하나님을 더욱 깊이 신뢰해야 한다.

나는 하나님의 존재를 믿는 것과 그분을 진정으로 믿는 것을 종종 구분한다. 하나님의 존재를 믿는 것과 그분을 진정으로 믿는 것은 서로 별개다. 죄와 갈등을 빚을 때 우리의 가장 큰 문제 가운데 하나는 하나님을 진정으로 믿지 않는 것에 있다. 우리의 육신적인 본성은 하나님을 진정으로 믿으려고 하지 않는다. 하나님을 진정으로 믿는다면 어떻게 죄를 지을 수 있겠는가? 우리가 죄에 이끌려 하나님의 분노를 초래하고, 악을 선택해 그분을 거스르는 이유는 무엇일까? 어떤 사람은 "우리는 죄를 원합니다. 죄를 원하는 마음 때문에 죄를 짓고, 악을 선택하는 것이죠."라고 대답할지도 모른다. 그렇다면 우리는 왜 죄를 원할까? 죄가 우리에게 매혹적으로 비치는 이유는 무엇일까? 그 이유는 간단하다. 앞서 말한 대로, 그것은 어떤 특정한 죄를 지으면 그것을 짓지 않을 때보다 더 행복할 것이라는 생각 때문이다. 우리가 죄를 짓는 이유는 죄를 원하기 때문이고, 죄를 원하는 이유는 그것이 우리를 더욱 행복하게 해줄 것이라고 믿기 때문이다. 우리는 "하나님이 말씀하시는 대로 행하면 행복을 박탈당하거나 속임수에 넘어가는 꼴이 되고 말거야."라는 식으로 그릇 생각할 때가 많다.

하나님의 율법은 그분의 거룩하고, 의로운 성품을 반영한다. 율법은 선하다. 율법은 하나님의 선하심은 물론, 그분의 은혜로우심을 반영한다. 하나님은 선하시기 때문에 자신의 피조물인 인간의 행복에 관심을 기울이신다. 하나님의 율법은 우리가 파멸을 자초하지 않도록 도와주고, 우리가 해를 당하지 않게 보호한다. 율법은 우리의 발과 길을 비추는 빛이다(시 119:105). 율법이 없으면 비틀거리다가 넘어져 상처를 입을 수밖에 없다. 율법은 자기 백성에 대한 하나님의 자애로운 부성적 관심에서 비롯한 것이다. 하나님의 율법은 그분의 사랑과 완전하고, 초월적인 지혜를 반영한다.

우리는 때로 하나님의 율법에 복종하면 행복하지 않을 것처럼 생각한다. 그러나 하나님의 율법을 어기는 것이야말로 우리를 불행하게 만드는 원인이다. 죄를 지으면 참되고, 지속적인 행복을 누릴 수 없다. 죄는 인류에게 파괴와 파멸과 불행을 가져다준다(롬 3:16, 17). 사람들은 설교자들이 죄에 관해 가르치는 것을 싫어한다. 죄가 그토록 악한 이유는 하나님을 업신여기고, 사람들을 해롭게 하기 때문이다. 죄는 인류의 행복을 훼손한다. 내가 어떤 사람에게 죄를 지으면 그 사람은 피해를 받게 된다. 그런 경우에는 인간으로서 느끼는 충족감이 깨진다. 다른 사람들에게 죄를 짓는 사람은 자기 자신을 해롭게 하는 결과를 낳는다.

죄가 그토록 매혹적인 이유는 무엇일까? 우리가 구별해야 할 가장 중요한 것 가운데 하나는 쾌락과 행복이다. 죄는 즐겁다. 죄는 쾌락을 주지만 행복은 주지 못한다. 죄는 즉각적인 재미나 짜릿한 쾌감이나 흥을 자아낸다. 그러나 죄는 성경이 말씀하는 행복이나 의로운 삶을 통해 얻어지는 만족감과 평화와 충족감은 절대로 줄 수 없다. 각자 자신의 삶을 돌아보고 죄로 인해 얼마나 많은 불행이 초래되었는지 생각해 보라. 영적으로 성장하면 믿음의 열매가 더욱 커지고, 하나님을 믿는 능력이 증대된다. 믿음의 증대는 죄와의 싸움에 직접적인 영향을 미친다.

미르틴 루터는 이 특별한 성령의 열매에 대해 "성령께서는 회의주의자가 아니시다."라고 말했다.[2] 성령께서는 냉소적인 태도를 부추기지 않으신다. 오히려 그분은 사람들을 신뢰하는 태도를 지니도록 이끄신다. 그런 태도는 겉으로는 순진하게 보일 수도 있다. 그러나 그런 태도를 지니게 되면 다른 사람들을 너그럽게 받아주고, 신뢰하려는 마음의 기본 성향이 갖추어진다. 그런 성향이 갖추어지면 우리 자신이 신뢰할 수 있는 사람이 되기를 바라고, 또 다른 사람들을 신뢰하려는 마음이 생겨난다. 믿음의 한 가지 측면은 충성이다. 우리 안에서 믿음의 열매가 자라면 다른 사람들을 신뢰하려는 마음이 더욱 커지고, 우리 자신도 더욱 신뢰할 만한 사람이 되어 우리가 한 맹세나 약속이나 헌신을 충실하게 이행할 수 있다. 이것이 믿음의 열매다.

온유와 절제

마지막 두 가지 열매인 온유와 절제는 이따금 '친절'과 '자제'로 번역되기도 한다. 영어로 어떻게 옮기는 것이 정확한지는 알 수 없지만 그런 번역은 온유, 또는 친절의 의미를 이해하는

---

[2] Martin Luther, *On the Bondage of the Will*, ed. and trans. E. Gordon Rupp and Philip S. Watson, *Luther and Erasmus: Free ill and Salvation*, The Library of Christian Classics (Louisville: Westminster John Knox, 1969), 109.

데 어려움을 불러일으키는 경향이 있다. 온유의 대중적인 개념은 활기 없고, 수동적인 성격을 지닌 사람, 곧 소심하고, 말이 없고, 겁이 많고, 부끄러움을 잘 타는 사람을 가리킨다. 그런 개념이 어디에서 비롯했는지는 정확히 알 수 없지만, 성경에서는 온유가 미덕으로 높이 칭송되고 있다. 그것은 성경에서 가장 강인하고, 힘 있는 인물들을 가리키는 의미로 사용되었다.

예를 들어, 민수기 12장 3절은 "이 사람 모세는 온유함이 지면의 모든 사람보다 더하더라"라고 말씀한다. 모세는 결코 약골이 아니었다. 그는 탁월한 지도력과 능력을 겸비한 사람의 표상이었다. 예수님은 "나는 마음이 온유하고 겸손하니 나의 멍에를 메고 내게 배우라"(마 11:29)라고 말씀하셨다. 예수님은 산상설교에서도 "온유한 자는 복이 있나니 그들이 땅을 기업으로 받을 것임이요"(마 5:5)라는 말씀으로 온유의 미덕을 크게 칭송하셨다.

여기에서 영어 번역의 모순이 발견된다. 어떤 번역자들은 '온유'라는 말이 지니는 왜곡된 의미를 피할 요량으로 '친절'이라는 표현을 선호한다. 친절은 온유의 한 측면이다. 성경에서 온유와 친절은 강인한 힘의 가능성을 배제하지 않는다. 사실, 이 두 용어는 강인한 힘을 전제로 한다. 온유는 하나님 자신의 성품이기도 하다. 하나님은 전능하고, 초월적인 힘을 지니고 있지만 온유함과 부드러움으로 그 힘을 잘 다스리신다.

나는 지금까지 결혼에 관한 세미나를 많이 주관했다. 여성들을 상대로 종종 묻는 질문이 하나 있다. 그것은 "남자들의 성격 중에서 무엇을 가장 바람직하게 생각하나요?"라는 질문이다. 놀랍게도 그 질문을 다양한 여성들에게 물어도 모두가 이구동성으로 똑같이 말하는 성격들이 있다. 여성들이 원하는 가장 바람직한 성격은 강인한 힘과 친절이라는 두 성격의 조합이다. 한 여성은 "내 남자가 강인하고, 친절하기를 원해요."라고 말했다. 온유라는 성령의 열매는 힘을 배제하지 않는 성격의 차원을 지닌다. 온유는 힘을 보완한다.

힘이나 권위가 더 클수록 힘과 권위를 친절과 부드러움으로 적절히 제어해야 할 필요성이 더욱 커진다. 성령께서는 능력의 영이시다. 사도행전 1장 8절은 "오직 성령이 너희에게 임하시면 너희가 권능을 받고"라고 말씀한다. 그분의 능력은 그야말로 엄청나다. 그러나 성령께서는 아무도 위협하지 않으신다. 위협적인 방법과 태도는 성령의 열매와는 거리가 멀다. 우리는 권위와 힘을 지닌 지위에 오를 수 있다. 그럴 때는 그것을 겸손과 온유로 잘 통제해야 한다.

정치인과 외교관의 차이는 무엇일까? 외교관도 힘과 권위를 지니고 있지만 그 권위를 행사할 때 정중하고, 친절하고, 부드러운 태도를 보인다. 힘이 더 클수록 정중한 태도를 지니기가 더 쉽다. 권위 있는 지위를 안정되게 보유하고 있으면 스스로가 얼마나 많은 힘을 지니고 있는지를 입증해 보이려고 애쓸 필요가 없다. 그런 상태에서는 항상 정중하게 행동할 수 있다. 그와는 대조적으로 불안정한 사람들은 다른 사람들을 존중하지 않고, 위협적인 태도를 드러낸다. 예수님은 자신의 힘을 위협의 수단으로 사용하지 않으셨다. 그분은 자신의 힘을 통제할 수 있는 능력을 지니셨다.

온유의 반대는 거친 성격이다. 성령의 열매는 거친 성격을 만들어내지 않는다. 그런 성격은 호전적이고, 논쟁적이고, 투쟁적인 기질을 드러낸다. 그러나 온유한 사람은 거칠지 않다. 거칠다는 것은 다투기 좋아한다는 뜻이다. 그런 성격의 소유자는 물 흐르듯 부드러운 성격을 지니지 못한 채 사포처럼 날카로운 표면으로 사람들을 거칠게 비벼대 마찰을 일으키기를 좋아한다.

마지막으로 온유는 교만과 정반대된다. 성령께서는 교만의 영이 아닌 자신감의 영이시다. 이 두 자질은 혼동될 때가 많다. 자신감과 교만의 차이는 미묘하지만 한 가지 분명한 것은 자신감 있는 사람들은 평화로운 태도를 지닌다는 것이다. 그들은 주어진 일을 능히 해낼 수 있다고 확신한다. 그들은 자신의 책임을 기꺼이 이행한다. 이것은 고귀한 미덕이다. 성령께서 우리의 마음속에 임하시면 자신감이 생겨난다. 이사야서 30장 15절은 "너희가 조용히 있어야 구원을 얻을 것이요 잠잠하고 신뢰하여야 힘을 얻을 것이거늘(일부 번역 성경은 '신뢰'를 '자신감'으로 번역했다)"이라고 말씀한다.

우리는 위협해서도 안 되고, 위협을 받아서도 안 된다. 우리는 침착하고, 자신 있는 태도로 삶을 살아가야 한다. 교만은 거짓된 자신감이다. 안정된 사람은 교만하지 않다. 교만은 상황을 잘 다스리고 있는 척하는 거짓된 자신감을 의미한다. 따라서 과도한 행동을 일삼거나 위협을 가해서는 안 된다. 하나님은 우리가 친절하기를 원하신다. 친절과 온유는 서로 밀접하게 관련된다.

성령의 마지막 열매인 온유의 열매를 맺으려면, 곧 우리의 힘을 부드러움으로 다스리려면 절제력이 필요하다. 성령께서는 혼란과 혼돈의 영이 아니라 질서와 평화와 절제의 영이시다(고전 14:33). 기업은 정글과도 같은 치열한 약육강식의 사회다. 사람들은 "바로 저곳에 정글이 있다."라고 말한다. 성경이 동산을 삶과 창조의 패러다임으로 제시하고 있는 사실에 비춰보면, 이것은 그리스도인들에게 매우 흥미로운 비유가 아닐 수 없다. 인간은 창조되어 동산에 살도록 안배되었다. 그러나 우리는 우리의 현재 상황을 정글에서 살아가는 것에 비유한다.

동산과 정글의 차이는 무엇일까? 둘 다 사물들이 성장하는 곳이고, 초목이 우거진 곳이다. 차이가 있다면 정글에는 야생 동물들이 살고, 동산에는 길들인 가축들이 산다는 것이다. 동산의 동물들은 통제와 제어를 받는다. 동산은 모든 것이 질서 있게 통제되어 자라는 곳이고, 정글은 거칠고, 혼란스럽게 자라는 곳이다. 이것이 정글과 동산의 가장 큰 차이다. 동산이 거칠게 변하면 정글이 된다. 그렇게 되면 식물들이 아닌 잡초와 덤불이 자란다. 통제나 제어가 이루어지지 않으면 무질서하고, 조화롭지 못한 장소로 변한다.

우리를 파멸로 몰아넣을 수 있는 거칠고, 혼란스러운 충동을 다스리는 능력을 기르는 것이 성장하는 그리스도인의 특징이다. "움켜쥘 수 있을 때 움켜쥘 수 있는 것을 모두 움켜쥐라"라는 세상적 윤리는 매우 위험하다. 사람들은 통제나 훈련이나 절제 없이 단번에 모든 충동을 채우려고 한다. 그들은 모든 것을 마음껏 즐기기를 원한다. 그러나 절제하는 사람들은 삶을 통제한다. 그들은 자신들이 삶을 적절히 제어한다.

마지막으로 골프에서 한 가지 예를 들면 다음과 같다. 『골프』라는 잡지는 매번 한 페이지를 할애해 유명한 골프 선수와 인터뷰를 한 내용을 소개한다. 기자가 "골프를 잘할 수 있는 비결이 무엇인가요?"라고 묻는다. 만일 그 질문을 내게 묻는다면, 나는 골프를 잘할 수 있는 비결은 "스윙을 거칠게 하지 않는 것"이 골프를 잘할 수 있는 비결이라고 대답할 것이다. 스윙이 잘 통제되지 않으면 큰 실책이 뒤따른다. 내가 이런 예를 들지 않을 수 없는 이유는 그런 경우를 너무나도 자주 목격했기 때문이다.

우리는 거칠고, 폭력적인 충동을 제어해야 한다. 그것은 타락한 인간의 속성이다. 거룩하신 하나님은 그런 속성을 지니고 있지 않으시다. 야고보서 1장 20절은 "사람이 성내는 것이 하나님의 의를 이루지 못함이라"라고 말씀한다.

나는 성숙함을 추구함으로써 의를 사랑하고, 그 안에서 성장하는 방법을 간결하게 요약함으로써 이 책을 마무리하고 싶다. 우리는 하나님을 믿음으로써 그렇게 할 수 있다. 우리는 믿음으로 의롭다 하심을 받았지만, 거기에 그치지 말고 믿음으로 그리스도와 같은 의로움을 지니려고 노력해야 한다.

"우리는 열매 맺는 그리스도인이 될 수 있는 손쉬운 방법을 찾고 싶어 한다. 그러나 성령 안에서의 성장을 이룰 수 있는 전통적이고, 고전적인 방법을 대체할 만한 것은 아무것도 없다." 누군가가 안수를 해주면 즉시 성숙한 그리스도인으로 변할 수 있다고 생각하는 신자들이 있다. 그러나 그런 일은 절대로 없다.

8장.

그리스도 안에서 자라가라

영화, 성화의 완성

지금까지 살펴본 대로, 갈라디아서 5장에 언급된 성령의 열매와 고린도전서 13장에 언급된 사랑은 서로 밀접한 관계가 있다. 우리는 먼저 바울이 고린도전서 13장에서 사랑에 관해 설명한 내용을 다루고 나서 갈라디아서 5장에 언급된 성령의 열매를 살펴보았다. 나는 여기에서 우리가 아직 살펴보지 않은 고린도전서 13장의 마지막 부분을 잠시 생각해 보고 싶다.

"사랑은 언제까지나 떨어지지 아니하되 예언도 폐하고 방언도 그치고 지식도 폐하리라 우리는 부분적으로 알고 부분적으로 예언하니 온전한 것이 올 때에는 부분적으로 하던 것이 폐하리라"(고전 13:8-10).

위의 본문은 우리가 마지막 종말론적 희망을 향해 나아가고 있다는 것을 암시한다. 그때가 되면 성령의 열매가 완성에 이른다. 우리는 의롭다 하심을 받았다. 지금까지 논의한 대로, 칭의 뒤에는 성화의 과정이 시작된다. 이 책의 주제는 바로 그 성화다.

"성화는 '영화'(榮化, glorification)로 불리는 궁극적이고, 최종적인 은혜의 사역을 통해 완성된다."

영화를 통해 모든 죄가 우리의 인격 안에서 완전히 제거된다. 그 결과, 우리는 온전한 의를 이루어 하나님의 뜻에 완전하게 복종할 것이다. 우리는 현세가 아닌 천국에서 성화가 온전하게 최종적으로 이루어지기를 기대한다. 하나님이 이 과정을 완성하실 것이다. 그분이 우리를 온전하게 정화하실 것이다.

"보라 아버지께서 어떠한 사랑을 우리에게 베푸사 하나님의 자녀라 일컬음을 받게 하셨는가… 장래에 어떻게 될지는 아직 나타나지 아니하였으나 그가 나타나시면 우리가 그와 같을 줄을 아는 것은 그의 참모습 그대로 볼 것이기 때문이니"(요일 3:1, 2)라는 말씀대로, 우리는 그리스도와 하나님을 봄으로써 온전히 순수해질 것이다. 그 과정은 지금부터 시작된다(고후 3:18 참조). 이 세상에서는 아무도 하나님을 볼 수 없다. 왜냐하면 하나님은 악을 차마 보지도 못하실 만큼 정결하시기 때문이다(합 1:13). 그러나 우리에게는 천상에서 하나님을 친히 뵙는 이 축복이 약속되었다. 성경은 하나님을 직접 마주하고, 그분의 참모습을 볼 수 있는 궁극적인 영광과 기쁨을 약속한다.

그런 궁극적인 영광을 보는 경험이 정화의 순간과 연관되어 있다는 사실이 흥미롭지 않은가? 하나님이 우리를 영화롭게 하는 순간에 우리는 그분의 얼굴을 직접 볼 수 있다. 이것은 성경에서 발견되는 일정한 유형인 것처럼 보인다.

"하나님을 보는 순수한 경험이 성화의 마지막 단계다. 장차 천국에서 하나님과 그리스도의 영광을 보는 순간, 우리의 영혼이 마지막으로 온전히 깨끗해질 것이다."

이어서 고린도전서 13장 11절은 "내가 어렸을 때는 말하는 것이 어린아이와 같고 깨닫는 것이 어린아이와 같고 생각하는 것이 어린아이와 같다가 장성한 사람이 되어서는 어린아이의 일을 버렸노라"라고 말씀한다. 어린아이처럼 생각하고, 이해하고, 행동하는 것은 어린아이에게는 매우 적절한 일이지만 다 자란 성인이 고집스럽게 어린아이처럼 행동하는 것은 매우 부적절하다. 그런 경우에는 무엇인가가 잘못되었다고 생각할 수밖에 없다.

이 점에서 심각한 실수를 저지르는 신자들이 많다. 그들은 진지하고, 건실한 태도로 하나님의 말씀을 부지런히 연구하는 것을 싫어한다. 그들은 "내가 성경을 진지하게 연구할 필요가 없는 이유는 어린아이 같은 마음과 믿음을 보존하고 싶어서야."라는 터무니없는 변명을 일삼는다. 그것은 믿음이 성숙한 사람의 태도가 아니다.

그런 그릇된 생각은 어디에서 비롯하는 것일까? 성경은 어린아이처럼 되라고 명령한다. 예수님이 가르치신 대로 천국에 들어가려면 어린아이처럼 되어야 한다. 그 이야기를 아는가? 제자들이 누가 하나님의 나라에서 가장 크냐며 논쟁을 벌였다. 그러자 예수님은 어린아이를 그들 가운데 세우고, "너희가 돌이켜 어린아이들과 같이 되지 아니하면 결단코 천국에 들어가지 못하리라"라고 말씀하셨다. 우리도 어린아이와 같은 마음을 지녀야 마땅하다.

그러나 어린아이와 같은 것과 어린아이처럼 유치한 것은 큰 차이가 있다. 성령께서는 어린아이처럼 유치하지 않으시다. 어린아이와 같이 된다는 것은 어린아이의 특성 가운데 일부를 닮아야 한다는 뜻이다. 우리는 어린아이와 같은 태도로 하나님의 말씀을 듣고, 복종해야 한다. 어린아이들은 부모를 무조건 맹목적으로 믿고, 신뢰한다. 그들은 부모의 말이라면 무엇이든 거의 전적으로 신뢰한다. 어린아이들은 부모의 권위를 두려워한다. 어린아이들은 거의 모든 것을 부모에게 의존해야 한다.

어린아이와 같은 믿음을 지니라는 것은 단순하고, 무지한 믿음을 가지라는 의미가 아니다. 그것은 어린아이가 부모를 의지하는 것처럼 하늘에 계신 성부 하나님을 의지해야 한다는 뜻이다. 우리는 하나님을 무조건 신뢰해야 한다. 그것은 비합리적이거나 미신적인 태도가 아니다. 하나님을 더 많이 알수록 어린아이처럼 그분의 권위에 더욱 스스럼없이 복종할 수 있다. 하나님의 성품을 더 많이 알수록 그분이 우리를 속일 것이라는 생각이 얼마나 불합리한 것인지를 더욱더 분명하게 알 수 있다. 하나님의 태도는 항상 온전히 일관되다.

어린아이가 부모에 대한 신뢰를 잃게 되는 이유는 그들이 실수를 저지르는 것을 보기 때문이다. 그러나 하늘에 계시는 성부께서는 어떠신가? 하나님의 일을 더 많이 알수록 어린아이와 같은 경외심이 더욱 커질 수밖에 없다. 우리는 하나님의 진실하심과 순전하심과 자애로우심을 옳게 이해해야 한다. 이것이 어린아이와 같이 되라는 부르심이 우리에게 주어진 이유다.

성경이 어린아이와 같이 되라고 요구하는 이유가 하나 더 있다. 우리는 "악에는 어린아이가 되어야" 한다(고전 14:20). 이 말씀은 모순처럼 들린다. 성경은 어린아이도 원죄를 지니고 태어나며, 죄로부터 자유롭지 못하다고 가르친다(시 51:5). 그러나 두 살 된 아이의 죄가 지니는 파괴력과 서른두 살 된 성인의 죄가 지니는 파괴력은 그 차이가 비교할 수 없을 만큼 크다. 어린아이의 죄는 순진하고, 단순한 죄다. 그것도 죄는 죄이지만 상대적으로 성인들의 죄에 비해 훨씬 덜 해롭다. 두 살 된 아이는 살인이나 은행털이나 횡령과 같은 죄를 짓지 않는다. 여기에서 말하려는 요점은 계속 죄를 지을 수밖에 없더라도 사악한 죄인이 되어서는 안 된다는 것이다.

그 구절의 나머지 부분을 읽어보면, 바울이 무슨 의미로 그렇게 말했는지 알 수 있다. 그는 "악에는 어린아이가 되라 지혜에는 장성한 사람이 되라"(고전 14:20)라고 말했다. 성령의 열매가 온전히 자라 성숙해지면 하나님의 일에 대한 이해도 아울러 성숙해져야 한다. 나는 어린아이일 때는 어린아이처럼 행동하고, 말하고, 생각했지만 지금은 더 이상 어린아이가 아니다. 따라서 나는 어린아이처럼 유치한 생각으로 하나님의 말씀이나 그리스도의 마음을 이해하려고 해서는 안 된다. 우리는 그리스도의 장성한 분량이 충만한 데까지 자라야 한다. 바울은 "온전한(성숙한) 자들 중에서는 지혜를 말해야" 한다고 말했다(고전 2:6). 이 세상에서 구원의 능력을 추구하면 그런 열매를 맺을 수 있다.

따라서 우리는 지성적으로 게을러서는 안 된다. 하나님은 말씀을 한 페이지에 요약하지 않으셨다. 성경의 기본적인 구원의 메시지는 어린아이도 이해할 수 있을 만큼 간단하다. 그러나 성경의 계시에 포함된 깊고 풍성한 하나님의 지혜는 가장 명석한 사람이 평생을 연구해도 그 깊이조차 헤아릴 수 없을 만큼 심오하고, 심원하다. 온 마음을 다해 하나님을 아는 지식을 추구해야만 그분에 대한 성숙한 이해에 도달할 수 있다.

히브리서 저자는 젖으로 만족하는 동시대의 신자들을 진지하게 꾸짖었다(히 5:12). 하나님의 말씀을 무시하는 것은 죄다. 우리는 훈련된 방식으로 하나님을 아는 지식을 열심히 추구해야 한다. 그것은 미덕이 아닌 우리의 의무다. 하나님은 어린아이와 같은 겸손과 성숙을 둘 다 요구하신다.

바울은 계속해서 "우리가 지금은 거울을 보는 것 같이 희미하나 그 때에는 얼굴과 얼굴을 대하여 볼 것이요 지금은 내가 부분적으로 아나 그 때에는 주께서 나를 아신 것 같이 내가 온전히 알리라"라고 말했다. 바울은 또다시 우리 앞에 미래의 상급을 제시했다. 이 세상에서는 하나님의 신비를 모두 다 이해할 수 없지만 그렇다고 해서 무지에 만족해서는 안 된다. 바울은 신자들이 무지한 것을 원하지 않는다고 여러 번 말했다(롬 1:13; 고전 12:1; 살전 4:13). 성령께서는 말씀의 교사요 진리의 스승이시다(요 14:26). 하나님이 우리에게 성령을 허락하신 이유는 영적인 일을 알게 하기 위해서다(고전 2:12). 진리를 알면 자유로워진다. 진리는 영혼의 양식이다(요 8:32).

성장하라!

이제 이 책을 마무리할 때가 되었다. 성화, 곧 그리스도의 형상으로 변화되어 하나님을 기쁘시게 하는 존재가 되는 것이 우리의 주제였다. 마지막으로 "인내하며 사랑을 추구하라"라고 간단히 당부하고 싶다. 열매가 온전히 익으려면 영양분을 주어 잘 길러야 한다. 열매가 잘 익기까지는 시간이 걸린다. 열매를 길러보려고 애쓴 사람이라면 누구나 그 사실을 잘 알 것이다. 모든 사람이 성화의 과정을 서둘러 마칠 수 있는 지름길을 찾으려고 애쓰는 듯하다. 우리는 즉각적인 성장과 만족을 원한다.

"우리는 열매 맺는 그리스도인이 될 수 있는 손쉬운 방법을 찾고 싶어 한다. 그러나 성령 안에서의 성장을 이룰 수 있는 전통적이고, 고전적인 방법을 대체할 만한 것은 아무것도 없다."

누군가가 안수를 해주면 즉시 성숙한 그리스도인으로 변할 수 있다고 생각하는 신자들이 있다. 그러나 그런 일은 절대로 없다.

성경이 교회 지도자들을 장로로 일컫는 데는 그만한 이유가 있다. 일반적으로 은혜 안에서 성장하려면 시간이 걸린다. 누군가를 교회의 지도자로 세우려면 오랫동안 인내심을 가지고 시험해봐야 한다. 물론, 젊은 나이에도 성숙한 인격과 특별한 재능을 갖춘 사람들이 있다. 디모데가 그런 사람이었다. 이것이 바울이 그에게 "누구든지 네 연소함을 업신여기지 못하게 하고"(딤전 4:12)라고 말한 이유였다. 나이가 들었는데도 여전히 이해에 어두운 사람들이 많지만 예외인 사람들도 더러 있다. 우리가 장로들을 존경하는 이유는 그들의 풍부한 경험 때문이다. 그들은 오랫동안 지혜를 축적해왔기 때문에 우리를 가르칠 수 있다.

바울은 비유적인 표현을 사용해 "우리가 지금은 거울을 보는 것 같이 희미하나… 지금은 내가 부분적으로 아나"(고전 13:12)라고 말했다. 그는 예수님을 제외하면 역사상 가장 지식이 많은 신학자였다. 그런데 놀랍게도 그조차도 나이가 들면서 믿음에 대한 이해가 더욱 성숙해져야 할 필요가 있었다. 그는 더 많이 알수록 모르는 것이 더 많아지는 것을 느꼈다.

나는 교회에 처음 나갔을 때 은혜의 수단을 부지런히 활용하겠다고 하나님 앞에서 서약해야 했다. 여기에서 유념해야 할 한 가지 중요한 말이 있다. 우리는 단지 은혜의 수단을 사용하는 것이 아니라 '부지런히' 사용해야 한다. 은혜의 수단을 소홀히 하면 믿음의 열매가 불완전해진다. 튼실하고, 먹음직하고, 맛있는 열매를 맺으려면 날마다 밭을 돌보고 가꾸어야 한다.

은혜의 수단이란 무엇일까? 은혜의 수단은 기도, 성경 묵상,

성례, 교제를 가리킨다. 나는 이 중에서 마지막 은혜의 수단을 강조하고 싶다. 열매를 맺고 싶으면 다른 참 신자들과 교제를 나눠야 한다. 신앙생활은 혼자서는 할 수 없다. 그리스도의 몸이 필요하다. 교회를 통해 훈련을 받고, 또 교회를 섬겨야 한다. 하나님을 섬기는 것이 은혜의 수단이다. 복음 전도도 열매를 맺는 데 도움을 준다. 그리스도의 사역에 동참하면 단지 하나님의 나라만이 아니라 우리의 영혼을 위한 열매를 맺을 수 있다. 은혜의 수단을 소홀히 하지 말라. 그리스도의 열매가 우리의 삶 속에서 온전해질 수 있도록 그런 수단들을 부지런히 사용해야 한다.

바울은 "그런즉 믿음, 소망, 사랑, 이 세 가지는 항상 있을 것인데 그 중의 제일은 사랑이라"(고전 13:13)라는 말로 고린도전서 13장을 끝마쳤다. 바울은 모든 덕성을 믿음, 소망, 사랑으로 압축했다. 그리고 나서 그는 그것들에 차등화된 가치를 부여했다. 그는 모든 기독교적 덕성 가운데 가장 뛰어난 것, 곧 그리스도 안에서의 성장을 입증해 줄 가장 중요한 증거가 사랑이라고 말했다.

바울 사도가 말한 믿음은 신앙생활의 필수 요소 가운데 하나다. 믿음은 처음에 그리스도와 우리를 하나로 연결해주는 수단일 뿐 아니라 "오직 의인은 믿음으로 말미암아 살리라"(롬 1:17)라는 말씀대로 신앙생활을 계속 유지해나가는 데 필요한 원동력이기도 하다. 또한 바울이 말한 소망은 우리가 흔히 말하는 막연한 바람과는 다르다. 우리는 "내일 무슨 일이 일어날지 알 수 없지만 모든 것이 잘 되기를 바란다."라는 식으로 말한다. 우리가 말하는 희망은 단순한 바람을 뜻하는 경향이 있다. 그러나 신약성경이 말씀하는 '소망'은 "영혼의 닻과 같아서 튼튼하고 견고하다"(히 6:19). 그것은 단순한 바람이나 꿈이 아니라 절대적으로 확실하다(빌 1:20). 소망은 아직 실현되지 않은 하나님의 약속을 가리킨다. 하나님의 약속은 이루어지지 않는 것이 없다.

이 세 가지가 신자들을 위한 가장 중요한 덕목으로 제시되었다. 그리스도인은 믿음을 지닌 사람이다. 그리스도인은 소망을 지닌 사람이다. 그러나 무엇보다도 우리 그리스도인은 마음속에 부은 바 된 그리스도의 사랑을 지닌 사람들이다(롬 5:5). 그리스도의 형상을 닮기를 원하고, 우리가 그분 안에 있다는 확신을 지니기를 바란다면 부지런히 사랑을 추구해야 한다. 사랑보다 더 뛰어난 것은 없다.

사명선언문

너희가 흠이 없고 순전하여……세상에서 그들 가운데 빛들로
나타내며 생명의 말씀을 밝혀 _ 빌 2:15-16

1. 생명을 담겠습니다
만드는 책에 주님 주신 생명을 담겠습니다.
그 책으로 복음을 선포하겠습니다.

2. 말씀을 밝히겠습니다
생명의 근본은 말씀입니다.
말씀을 밝혀 성도와 교회의 성장을 돕겠습니다.

3. 빛이 되겠습니다
시대와 영혼의 어두움을 밝혀 주님 앞으로 이끄는
빛이 되는 책을 만들겠습니다.

4. 순전히 행하겠습니다
책을 만들고 전하는 일과 경영하는 일에 부끄러움이 없는
정직함으로 행하겠습니다.

5. 끝까지 전파하겠습니다
모든 사람에게, 땅 끝까지, 주님 오시는 그날까지
복음을 전하는 사명을 다하겠습니다.

서점 안내

광화문점 서울시 종로구 새문안로 69 구세군회관 1층
02)737-2288 / 02)737-4623(F)

강남점 서울시 서초구 신반포로 177 반포쇼핑타운 3동 2층
02)595-1211 / 02)595-3549(F)

구로점 서울시 동작구 시흥대로 602, 3층 302호
02)858-8744 / 02)838-0653(F)

노원점 서울시 노원구 동일로 1366 삼봉빌딩 지하 1층
02)938-7979 / 02)3391-6169(F)

일산점 경기도 고양시 일산서구 중앙로 1391 레이크타운 지하 1층
031)916-8787 / 031)916-8788(F)

의정부점 경기도 의정부시 청사로47번길 12 성산타워 3층
031)845-0600 / 031)852-6930(F)

인터넷서점 www.lifebook.co.kr